孔令刚 主编

孔惠心 编著

高的智慧

交友金言

JIAOYOU JINYAN

全国百佳图书出版单位

时代出版传媒股份有限公司

安徽人民出版社

图书在版编目(CIP)数据

交友金言/孔令刚主编　孔惠心编著.—合肥:安徽人民出版社,2014.4

ISBN 978－7－212－07229－2

Ⅰ.①交…　Ⅱ.①孔…②孔…　Ⅲ.①心理交往—通俗读物

Ⅳ.①C912.1－49

中国版本图书馆 CIP 数据核字(2014)第 057165 号

交友金言

孔令刚　主编

孔惠心　编著

出 版 人:胡正义	责任印制:董　亮
责任编辑:周子瑞	装帧设计:宋文岚

出版发行:时代出版传媒股份有限公司 http://www.press-mart.com

　　　　安徽人民出版社 http://www.ahpeople.com

　　　　合肥市政务文化新区翡翠路 1118 号出版传媒广场八楼

　　　　邮编:230071

　　　　营销部电话:0551-63533258　0551-63533292(传真)

制　　版:合肥市中旭制版有限责任公司

印　　刷:合肥市裕同印刷包装有限公司

　　　　(如发现印装质量问题,影响阅读,请与印刷厂商联系调换)

开本:710×1010　1/16　　　印张:11.75　　　字数:210 千

版次:2014 年 7 月第 1 版　2015 年 7 月第 3 次印刷

标准书号:ISBN 978－7－212－07229－2　　　定价:21.00 元

总　序

　　"金言"最早来自于佛教,信佛的人称佛的教言为金言。我们这里金言与格言类似,有珍贵言语之意。所以,"金言"是言简意赅的睿智语句。

　　"审视一串别人的足迹,践履一条自己的人生路。"商道即人道,人道即天道。徽商仁义敦厚、勤勉好学、志向远大、知恩图报、恪尽职守,充满人文情怀,追求商道人生中的大道大义。对于徽商精神的深入发掘,也是对中国传统人文精神的形象化展示。我们试图用"金言"的形式,分别从交友、治家、经商、修身、处世等5个主要方面撷取徽商的睿智语句,在弘扬徽商精神的同时,以期为人们尤其现代商人提供借鉴,汲取人生智慧。

　　徽商的概念不仅仅包括古徽州经商的人,同时还应该包括徽籍商人所经营的商业,也就是说"徽商"是指古徽州从商的人以及由他们创造的、以商业为主导的徽州地域特色经济和商人文化。地理环境为徽州人走出徽州,走上商旅提供了便利的条件;徽州人也凭借自己的聪明才智把握住了这个机会,创造出了属于他们的辉煌。绚丽精深、领域宽广、体系丰富的徽文化培育了徽商以自强不息、尽职尽责、崇尚节俭、勤劳忍耐、诚实守信、尊重知识、尊重人才、和睦邻里、济贫救灾为特征的传统美德。经过60多年的研究,对徽商的定义、徽商的起源、徽商的经营特点、徽商成功的影响因素、徽商衰败的原因、徽商对社会和历史的影响等方面的研究成果已经相当丰富。要想从单个角度入手,继续深度地挖掘已经很困难了。在这个金言系列中,我们也没有打算给读者提供规范和严谨的学术研究线索,只是希望通过鲜活的案例、画龙点睛的感悟,给读者朋友提供丰富阅读视野的素材,提供观察世界的窗口和体察人生的思路。

　　徽州人有修家谱的习惯。对于那些违反纲常的不肖子孙,要在家谱、宗谱、族谱中除名,不予登记造册,不让他认祖归宗,让他成为孤魂野鬼。就这一条规矩,就足以让全体族人遵纪守法、尊师重教、积极进取,最后功成名就,流芳千古,也使整个家族繁衍生息,永避祸端。明清时期,徽州名臣学者辈出,仅仅5个小县城的进士就有2018人,而在歙县一地,明、清就有43人列入诗林、文苑,出现过"连科三殿撰,十里四翰林"、父子同为"尚书"、兄弟两个一起为"丞相"的逸事,造就了诗书礼仪之风,培育了竞相怒放的徽学之花,给后人留下了异彩纷呈的人文景观和历史景观。

对联是我国文学艺术百花园中的一朵奇葩。徽州几乎所有古民居中都有诗文联匾,尤其是楹联更为必备。这些诗文联匾不仅书法精妙绝伦,而且内容丰富、寓意深刻,包括做人的准则、读书的道理、治家的诀窍、创业的方略、经商的招数,使这些短小精练的名联佳对,变成了帮促世人"修身、齐家、治国、平天下"的如珠妙语和劝世良言,寄寓着主人的精神追求及对人生的体味和对后代的期盼。徽商奉行"货真、价实、热诚、守信"的为商之德,对商品要求货真价实,对顾客和商业伙伴热诚守信,"戒欺"、"真不二价"、"少时不欺客、畅时不抬价"等警句楹联,不仅屡屡出现在古徽州民居的门匾上,更贯穿于徽商的经营活动全过程。楹联从一个侧面真实地反映了徽商的风貌与精神传承,以特殊的形式承载着徽州的文化和历史。今天,这份瑰丽的文化遗产,尚待进一步发掘整理。在本丛书中,一些重要的诗文联匾也被我们辑录并推荐给读者。

徽商的商业实践,推动了众多商书的出现。明代后期出现了不少商书,如《一统路程图记》、《天下水陆路程》、《新安原版·士商类要》、《天下路程图引》、《客商一览醒迷》、《新刻士商要览——天下水陆行程图》等。这些商书不仅介绍了全国数百条(重点在长江流域)交通路线、水陆途程,而且还详载各条路线沿途食宿条件、物产行情、社会治安、船轿价格等。有的商书还专门介绍了从商经验,告诫商人在投牙、找主、定价、过秤、发货、付款、索债、讼诉等过程中应予注意的各个环节,总结了商人应该遵循的商业道德。商书的出现不仅有利于商业的发展,同时也为商业文化增添了新的内容。

徽州人闯荡商海,历经多少艰辛与磨难,体现了不甘于贫困、追求发展、勇于冒险闯荡、开拓进取、相互协作的精神,铸就了坚忍不拔、吃苦耐劳、百折不挠的顽强意志以及回报社会的良好品格。徽商在经商过程中留下了大量的懿行嘉言,大都通俗易懂,有事有理、即浅即深,包括许多为人处世、应事接物、经商策略等基本道理,激励他人和后辈改过从善,奋发向上,在今天也有很好的参考和借鉴价值。

我们试图从纷繁丰富的典籍、文书、诗文联匾、族谱家训等原著以及浩如烟海的著作、论文之中搜集、撷取徽商言论的精华,将其分门别类并按一定的逻辑顺序呈现出来。本丛书第一辑按内容分类,共5册,包括《治家金言》、《经商金言》、《修身金言》、《处世金言》、《交友金言》。每类又大体按照经典原文、译注、感悟和相关故事链接以及延伸阅读等5个部分的体例编排。可能会有少许条目交叉,但编写者会从不同的角度予以解读。因为徽商的做人、处世以及交往、经商等实际上是儒家"修身、齐家、治国、平天下"的践行过程。

70多年前,哲学家怀特海在哈佛商学院的一次演讲中说:"伟大的社会是商人对自己的功能评价极高的社会。"《财富》杂志的创办人亨利·卢斯将这种使命感推向极致,他认为商业即是"社会的核心",商业行为保证了对自由市场的严格要求,从而确认了自由社会的基础。现代国际经济社会发展更进一步证明了社会财富的增长绝非仅靠积累,而是通过广泛交换、刺激生产和消费、不断创造而来的。所以对民富国强的社会发展来说,商业发达是其坚实的基础。

我们辑录这些"金言"的过程也是接受徽商文化熏陶和洗礼的过程。徽商身上所表现出的"徽骆驼精神"是民族顽强的原始生命力和勇于开拓创新精神的一个生动体现。"徽骆驼"的精髓,是"自强不息,厚德载物"。徽商长期经营活动中积累和沉淀下来的"进取、创新、合作、诚信"的人文精神,勇于开拓、坚忍不拔的创业意志,同心协力、相辅相成的团队观念,诚信重诺、依律从商的契约意识,重义轻利、贾而好儒的人文品格,是徽文化精神的核心与动力,是徽文化的精华。"徽骆驼精神"也正是我们今天要提倡并需要发扬的自强不息、吃苦耐劳、积极进取、拼搏创新的优良品德。

真正的商人,必是有志向、有毅力、有能力、有修养者。在他们身上,彰显着敢作敢为、能作能为的魄力胆识,这应该成为我们民族精神中积极和闪亮的部分。我们社会需要的是心志专一、敬业乐群、俭约朴实、信义为尚,勇于挑战命运,竭力实现自我,同时回报大众的出类拔萃之辈。我们不能苛求徽商,因为我们不能苛求历史。今天我们研究徽商,要赋予徽商精神新的时代内容,容纳新的时代精神。创造一个守契约、讲诚信的法治环境,创造一个提倡创新、注重独立性的人文环境,才是我们今天的当务之急。这样的环境才真正有利于现代商业的发展,也有利于一切正当事业的发展;同样,今天我们培育积极、健全的商人精神,重建社会道德,也需要从最基础的工作做起,从最生动地展现中国人的精神面貌和真实人性的亲情、人伦、诚信、敬业、乐群等入手,找到社会秩序重建的正途。

本丛书编写过程中,参考了大量关于徽商、徽文化研究等方面前辈老师及同行学者的研究成果,由于容量有限,我们没有将这些文献列示出来。这些文献为我们的写作点亮了前进的航标灯。对此,我们向这些前辈老师及同行学者表示诚挚的谢意!更希望前辈老师、同行学者和读者朋友对书中的不足给予指正批评！

　　本丛书编撰，安徽人民出版社的各位领导从选题策划、内容确定、编撰形式到最后定稿都给予了细致的指导；编辑老师专业严谨，精心编校，使本丛书得以顺利出版发行。对此，我们表示衷心的感谢！

孔令刚

2014 年 6 月

前　言

　　交友是儒家所提倡的为人处世方式之一，"有朋自远方来，不亦乐乎"这句话成为徽商交友的座右铭。读书、交友与经营三者在徽商身上得到了统一。

　　徽商有句名言："存好心，行好事，说好话，亲好人。"他们认为与有修养、定力高的朋友交往，就很容易看到自己的不足。"我爱邻居邻爱我，鱼傍水活水傍鱼。"将邻里关系比作鱼水，不仅对得极为工整，更表达了徽州人与邻修好，交友先从乡邻开始，和睦和谐的观念，颇具人情味。悬挂于西递桃花源里人家中的"世事洞明皆学问，人情练达即文章"一联，是说对世界上的事理，都应当明白透彻，这就是学问；对人情世故都要熟悉通达，这就是文章。作者交流了自己的人生体味，传授了"重视关系"和"事在人为"的道理。他勉励世人：要做生活的有心人，注意分析和处理好周围的事物，重视并理顺好人际关系，真正把握应变的本领，使自己立于不败之地。这一看法和主张，对今人仍大有益处。

　　交友，使徽商不断扩大交际圈，为徽商带来了信息和客源，也体现了徽商作为儒商的处世风范。读书利于交友，交友更促进读书，读书交友促使徽商完善经营，读书交友便成为众多徽商所崇尚的休闲活动之一。广泛交友，扩大交际圈，尤其与一些官僚士大夫的交往，对徽商的市场竞争和扩大经营以及信息来源无疑有重要作用。在读书交友过程中，徽商更领悟到经商之道。生意场上，没有永远的朋友，也没有永远的敌人，无论竞争多么激烈的对手，竞争过后都会有联合的可能。因此，在竞争的过程中，不要做得太绝，要给人留条活路。这就是俗话说的"为人不可太绝"的道理。

　　古人说"近朱者赤，近墨者黑"。其实，对我们任何一个人来说，在学习、工作、生活中，慎重交友也都是长谈的一个话题。徽商告诫子孙"交诤友，不交损友"。要多与好人、善人交朋友，不与坏人、恶人交朋友，因为交好人容易变好，交坏人容易变坏。要劝导后代忠厚本分，坦诚做人。并且，认为世上一切行正道之人，都愿做忠厚本分和胸怀坦荡之人，都希望与忠厚本分和胸怀坦荡之人为伍，因为只有这样的人处世才会问心无愧，怀有天理良心，才会不至上当受害，不至变为小人。这些至理名言,在今天仍然具有启迪意义。徽商劝人向好,不要唆人变坏;要善待别人,不要危害他人;要留好名于世上,不要倚势施淫威;为人处世多做好事,自然会心平气和,心安理得,心怀坦荡。

还有如交友要抱着"尺有所短,寸有所长"的心态,因为"尺"有时也有太短的缺陷,而"寸"有时也有较长的优点。这是一句俗语,但其哲理意味十分深刻。它是指世上什么东西都是相对而言的,譬如一个人处在世上,必有其长处也必有其短处,不管你是怎么优秀、聪明、有本事,但与别人相比,总有你的不足之处;也不管你是怎么卑下、愚笨、无能力,但与别人相比,也总有你的过人之处。因此,生活在世上的每一个人,均没有必要太过于自尊自傲,也不需要太过于自卑自贱,谦逊一点,达观一点,总要客观一些。反映在用人之道上,要择人任势,用人之长,坚持任用那些熟读"四书五经"的儒雅之士,并且,注意培养他们学习思考的习惯、吃苦耐劳的精神和坚忍不拔的意志。

这是我们编写这本册子的深刻感悟。朋友的高度决定你人生的高度,你与之交往的人就是你的未来。高度决定视野,角度改变观念,尺度把握人生。今天,我们在与人交往过程中,需要打开心灵的窗户,让缕缕清新的空气徐徐而来。在最困难的时候,如果能略微改变一下自己的心态,一切烦恼也许就能迎刃而解,内心的坚忍不拔胜过人世间的任何物质财富。

目　　录

三、学人所长

四、真诚待人

五、邻里和睦

六、友爱相处

七、慧眼观人

八、择善而从

九、成人之美

十、君子之交

十一、谨防小人

十二、知恩图报

十三、善于借力

十四、慎言敏行

后记

一、谦 以 交 友

【原文】

虚怀能自得①,实政要人为②。

【译注】

①虚怀能自得:虚心才能得到好的结果。虚怀若谷,可以自我修炼。
②实政要人为:最好的政策要靠人去执行。惠政实事,是要有人去做才行。
辑自西递楹联。

【感悟】

气度决定一个人的高度,一个能够做到心胸开阔的人,必然虚怀若谷,有海纳百川的肚量,即使别人是错误的,他只会细心的观察,了解真相,包容别人。心胸开阔的人,不会在乎别人对自己的嘲笑和讽刺,不会被生活所累,自然有精力去做更重要的事情。人的心胸开阔了,视野也会变得开阔,带着这样的一种美德去感悟生活,从容大气的与别人相处,脚下的路才会越走越长,越走越宽。

制度的生命在于执行。要解决问题,不能光靠制定政策。制度制定者、制度执行者,不能把自己置于制度遵循者之外。

【延伸阅读】

修炼先从心态开始

大其心能容天下之物,虚其心能受天下之善,平其心能论天下之事,廉其心

能观天下之理,定其心能应天下之变。

如果想法改变,态度就会改变;如果态度改变,行为就会改变;如果行为改变,习惯就会改变;如果习惯改变,人格就会改变;如果人格改变,命运就会改变;如果命运改变,人生就会改变。

【原文】

> 遇事三思终有益①,让人一步不为愚②。

【译注】

①遇事三思终有益:"遇事",碰上变化或情况;"三思",反复思量,再三权衡。心不为外界所动,遇到大事也能沉得住气。面对事情或困难时多想想应对之策终究是大有益处的。

②让人一步不为愚:在一人一事上做出退让并不是愚蠢。让别人一步,实际上是让自己一步。

辑自徽州楹联。

【感悟】

保持头脑清醒,克制自己的情绪,即使对方蛮不讲理,我行我素,也千万不可失去理智,以牙还牙,以毒攻毒。因为忍让不是胆小、不是无能、不是懦弱、不是好欺负,而是一种智慧、一种修养、一种风度、一种美德!

【故事链接】

胡贯三从开一爿小茶坊起家,到成为藏银百万的江南第六位富户,是深得经商之道的。他把自己经商的经验概括为4个字:忍、和、巧、信。他说"忍片时风平浪静,退一步海阔天空"、"遇事虚怀观一是,与人和气誉群言",并认为,无论是做学问还是经商都要不畏艰辛,注重效果,搞出名堂来。他在晚年写下这副充满哲理的对联,其良苦用心不言自喻。在西递村,类似这样的对联目不暇接,诸如"世事让三分天宽地阔,心田存一点子种孙耕"、"几百年人家无非和善,第一等好事只是读书"等等,都反映了古代徽州商人的处世哲理。

【延伸阅读】

"让人一步天地宽"

不管别人对自己能不能做到都好,我们都必须要求自己一定要对每个人都好,而且要尽力地拿出对每个人都好的行动。我们同在一个地球村,自己生存,也要让别人生存,自己生活得好,也要让别人生活得好才行。不能只为自己幸福,不管他人死活。为此,我们还必须做好每个人对自己未必都好的思想准备。只有这样,当别人不能对自己好的时候,才能坦然处之,还会一如既往地对每个人都好。世上难能可贵的是,越是别人对我不好,我越不计较,越是要主动地靠近他,并对他好,以自己的实际行动感化他。为人坦荡,添喜不添忧,添乐不添愁,添彩不添乱,这才是站到了人生精神的最高处,才能令人敬仰。

【原文】

退一步天空海阔①,让三分心平气和②。

【译注】

①退一步天空海阔:为人处世退让一步天地将更加广阔。

②让三分心平气和:让是避让、远离之意;不是退让、忍让的意思。对于世间纷争的事,若能忍让三分,自会心胸开朗,身心安宁。

为人处世,常留三分为他人设想,善自品尝思量,方觉其中滋味,方能淡泊久长。

辑自徽州楹联。

【感悟】

对人不苛求、对事不计较,己所不欲,勿施于人;凡事三分想自己,七分为他人;坦然从容,善心待人,自己的那一片天空,随之也会宽广辽阔。宽容一点,给自己留下一片海阔天空。避让世间尘俗之事,让思想达到一个自由驰骋的更高境界。

【故事链接】

谦以交友

黟县古民居有副楹联为"退一步,天空海阔;让三分,心平气和"。徽商无论在商业经营中,还是在各种公关活动中,真正做到了游刃有余,并最终成全了一代徽商的英名。黟县宏村承志堂主人、清末民初时汪定贵,在九江经营糖盐致富。他谦虚待人,广交朋友。他说:"五谊并重,广交良缘。""五谊"指族谊、戚谊、世谊、乡谊、友谊。他经商所至沪、杭、九江、安庆、芜湖各地,交游甚广,政界汪庆辰,商界舒法甲、查邦达,古黟画家汪正泉等都是他的朋友,于振兴产业及丰富他的文化生活方面,都有助益。

【延伸阅读】

"留三分"

知人不必言尽,留三分余地与人,留些口德与己;
责人不必苛尽,留三分余地与人,留些肚量与己;
才能不必傲尽,留三分余地与人,留些内涵与己;
锋芒不必露尽,留三分余地与人,留些深敛与己;
有功不必邀尽,留三分余地与人,留些谦让与己;
得理不必抢尽,留三分余地与人,留些宽容与己;
得宠不必恃尽,留三分余地与人,留些后路与己;
气势不必倚尽,留三分余地与人,留些厚道与己;
富贵不必享尽,留三分余地与人,留些福泽与己;
凡是不可做尽,留三分余地与人,留些余德与己;

【原文】

谦人上人抑我益我^①,有酒吃酒读诗学诗^②。

【译注】

①谦人上人抑我益我:"谦人",做谦虚的人;"上人",受到尊敬的人;"抑我",克制自我。让人者为人上之人,能够克制和约束自我,只会对自己更有助益。谦逊能够克服骄矜之太,能够营造良好的人际关系,因为人们所尊敬的是那些谦逊的人,而绝不会是那些爱慕虚荣和自夸的人。

②有酒吃酒读诗学诗:有酒便吃酒,余暇便读书。

辑自西递楹联。

【感悟】

谦逊,是一种品格、一种风度、一种修养、一种胸襟、一种智慧、一种谋略,是做人的最佳姿态。欲成事者必须宽容于人,进而为人们所悦纳、所赞赏、所钦佩,这正是人能立世的根基。根基坚固,才有繁枝茂叶,硕果累累;倘若根基浅薄,便难免枝衰叶弱,不禁风雨。而谦虚做人就是加固立世根基的绝好态度,不仅融合人群,和谐相处,也可以让人暗蓄力量、悄然潜行,在不显山不露水中成就事业。

学会谦逊做人,不喧闹、不娇柔、不造作、不故作吟呻、不假惺惺、不卷进是非、不招人嫌、不令人嫉,即使你认为自己满腹才华,能力比别人强,也要学会藏拙,不抱怨自己怀才不遇。

谦逊做人,就是用平和的心态来看待时间呈现的一切,修炼到此种境界,为人便能善始善终,既可以让人在卑微时安贫乐道、豁达大度,也可以让人在显赫时持盈若亏、不娇不狂。

【故事链接】

"喝杯清茶"

徽州是礼仪之邦,接人待物按照朱熹的《家礼》办事,客来敬茶是必不可少的礼节。徽州的习俗是给客人倒茶千万不能斟满,因为斟满有"自满骄傲"的意思,这才是对客人的不敬。而客人接茶也要用双手,并要欠身起坐,以示还礼。一般在徽州,冬天用泡茶敬客,夏天则用壶茶敬客。敬茶时要用双手,以表示尊重,主人嘴里还说句"喝杯清茶",表示谦逊。

【延伸阅读】

"做谦逊的人"

做谦逊的人,实际上就是做一个被人们认同和喜爱的人。谦逊的目的,并不使我们觉得自己的渺小,而是为了更好地了解自己。山不解释自己的高度,并不影响它的耸立云端;海不解释自己的深度,并不影响它容纳百川;地不解释自己的厚度,并没有影响它在万物中的地位……

【原文】

知事晓事不多事太平无事①,忍人让人不欺人方可为人②。

【译注】

①知事晓事不多事太平无事:"知事",通晓事理;懂事;"晓事",懂事,明达事理。"多事",做多余的或不应该做的事;"太平无事",时世安宁和平,生活清静无忧。

②忍人让人不欺人方可为人:"忍人",对别人忍心;"让人",对人谦让。

辑自徽州楹联。

【感悟】

"忍"字头上一把刀,遇事不忍必烦恼;能忍方能消灾避祸,能忍方能心平气和,能忍方能立于不败之地、转危为安。若能忍得心头气,海阔天空看明朝。

应该不多事不惹事但也不避事。

【延伸阅读】

"处事六大方略"

无事不生事,绝无意外之变;有事不怕事,安度局中之危;
省事不多事,避开忙中出错;识事不搅事,必无乱后之折;
重事不轻事,省却战前之败;简事不误事,尽享静时之乐。

【原文】

水能性淡为吾友①,竹解心虚是吾师②。

【译注】

①水能性淡为吾友:"淡",恬静,既指水性,也是以水比人的淡泊,又可喻指只有淡泊之人才能细水长流,安宁长寿。以水的清静淡泊的品格为友。水性淡泊,它是我的好朋友。

②竹解心虚是吾师:"竹解",把竹子剖开。翠竹虚心,它是我的好老师。以竹的"心虚"品格为师。将竹拟人化,竹虽直而有节,但能理解"心虚"的重要。"虚心竹有千千节",唯有那些虚心的竹子,才能不断地朝上生长,从初生之笋,最终长出千万个节来。所谓"未出土时便有节,及凌云处尚虚心",说的就是竹子无论地位的高低,依然保持"心虚"的道理。"心虚"非胆怯之意,而是指内心空明而无成见,谦虚而不自满,这种品格堪为人们治学、待人之师。

以"水"和"竹"性能特征为喻,形容治学应采取的正确态度:一是宁静,一是虚心。多见于徽州楹联。本句取自白居易诗《池上竹下作》。

【感悟】

淡泊明志,宁静致远,水性之淡成为益友;抱虚胜盈,空心向道,虚心之竹似可教人。

乐天达命,藏愚守拙,荣宠不惊,知足不辱,消除压力的最关键之处,就在于心态,调整好心态,保持一颗平常心就是最好的生活态度。我们如能以恬淡之水为友,以"心虚"之竹为师,治学修身,当获益匪浅。

淡泊并不是要如同神仙修道,无情于人世间,而是要保持内心的无限安宁与平静。有时候,清澈白净亦是一种美,清澈如水,方显生命真正的纯度。心如止水,是多么难能可贵的一种境界啊!

【故事链接】

据说,竹子的生长与北极星座之气有关。堂前、窗前广栽竹林,会给主人带来好运,子孙繁衍,家族兴旺,健康长寿。竹子又有虚心、劲节、自强不息、不娇不艳、不媚不俗的秉性。所以历代不少文人"寓意于物",都酷爱竹林。如东晋的王子猷,寄居空宅中,便令种竹,说:"何可一日无此君。"杜甫也说:"平生憩息地,必栽数竿竹。"苏轼所出生的苏府更是"门前万竿竹,堂上四库书"。郑板桥则几乎一生都沉浸在书山和竹丛之中,即使经济困难到卖字画为生的程度,也丝毫不减爱书、爱竹的志趣。

【延伸阅读】

白居易《池上竹下作》

穿篱绕舍碧逶迤,十亩闲居半是池。
食饱窗间新睡后,脚轻林下独行时。
水能性淡为吾友,竹解心虚即我师。
何必悠悠人世上,劳心费目觅亲知?

【原文】

让人非我弱①,得志莫离群②。

【译注】

①让人非我弱:谦让别人并不是因为我软弱。

②得志莫离群:得志了不要远离自己原来的朋友。

辑自徽州楹联。

【感悟】

恭谦为人,不卑不亢。要有学习的心态,谦虚的心态,真诚的心态,坚持的心态。海纳百川,壁立千仞。人不尊我是我无能,我不容人是我无量。忍让不是懦弱,而是一种涵养,一种大度,一种胆识,一种能力,"让人非我弱,弱者不让人"。《说文解字》解释"忍"字,直截了当地说:"忍,能也。"历史上成就大事业的人,哪个不具备这样的品格?"小不忍,则乱大谋",生活中,有时需要忍让,需要妥协,忍辱负重,化解融通,这是为了更好地保护自己。古人有首诗,就是这样说的:"忍字上面一把刀,为人不忍祸自招;能忍得住片时刀,过后方知忍为高。"

【延伸阅读】

"高人"

睿智的人看得透,故不争。豁达的人想得开,故不斗。得道的人晓天意,故不急。厚德的人重谦和,故不躁。明理的人放得下,故不痴。自信的人肯努力,故不误。重义的人交天下,故不孤。浓情的人淡名利,故不独。宁静的人行深远,故不折。知足的人常快乐,故不老。

【原文】

处人不可任己意要悉人之情①,处事不可任己见要悉事之理②。

【译注】

①处人不可任己意要悉人之情:待人不能凭自己的意愿,要体察他人的心情。与人相处不可以什么事情都不为别人考虑,不能只随自己的意,要换位

思考。

②处事不可任己见要悉事之理:做事不能固执己见,须明白事情的道理。做事不可以只看自己的想法,要就事而论。

辑自歙县古城楹联。

【感悟】

做人如水,做事如山。做人要如水一样往低处走,坦荡乎如大海之谦之。做事要如山一样耸立起来,巍巍乎如高山之仰之。与人相处,不能随自己的意志,要了解人情世故;做事不能固执己见,要明白事情的道理。会做人而不善做事,是一个残缺的人;会做事而不善于做人,在做事的过程中就容易犯错误,甚至四处碰壁。一位商界成功人士说过:"先做人,后做事,做人做好了附带着就把事情做了。"做人、做事是一门艺术,更是一门学问。一个人无论多么聪明,多么能干,背景条件多么好,如果不懂得如何做人、做事,那么他最终的结局将会是失败。会做人,做好人,才能行得正、走得远,充分体现自我人生价值;能做事,做好事,把难办的事尽可能办好,才能创造骄人的成绩。

【故事链接】

明末休宁义士金声说:徽商"一家得业,不独一家食焉而已,其大者能活千家百家,下亦至数十家"。相对于商海的狂风巨浪,个体的商人只是一叶扁舟,因此,在徽商这样的集团里,他们对和谐的人际关系的追求依然执著,善于处理同宗人士的关系,并且卓有成效。他们也注意强化同乡的情谊。遍布各地的徽州或新安会馆,就是徽商将具有地缘关系的同道拢聚在一起的重要据点。即便是与消费者建立的也是互惠互利的长期关系。清代歙县商人吴炳留给子孙的是 12 字:"存好心,行好事,说好话,亲好人。"又说自己活到老,学到老,犹深感"厚之一字,一生学不尽,亦做不尽也"。

【延伸阅读】

"先做人后做事"

嘴巴甜点,行动快点;脑筋活点,效率高点;脾气小点,关系好点;
微笑露点,肚量大点;理由少点,做事多点。

【原文】

遇事虚怀观一是①,与人和气誉群言②。

【译注】

遇事虚怀观一是:"虚怀",胸襟宽大,谦逊虚心。"一是",一切。为人处事要谦虚,以宽阔的胸怀,看待世间的一切。

与人和气誉群言:"誉",称扬,赞美。待人要和气,与人相处和颜悦色,自然会得到大家的赞赏。在言论纷陈的状态中,保持待人和蔼气氛融洽。

辑自徽州楹联。

【感悟】

古人有云:"国之将亡必乱。"而"乱"之根源在于"争",历史上有所谓"党争"、"政争",无不因争强斗胜、争名夺利而起。而日常生活里,也常因争风吃醋而酿造纷争,衍生许多不幸,无一不是为了"争"字。与人"争",常伤和气;与己"争",可以转化激发潜能的动力,而成为争气的人。

【故事链接】

黟县西递徽商的胡崇朴,营商重义,与人和善。人们评价他"与人无忤,而交游必慎"。儒家讲求和谐,《论语》中"有子曰,和万贵"。因此,徽商讲求"和以生财"。黟县民间有副横联"遇事虚怀观一是,与人和气誉群言,可谓徽商的座右铭。所以徽商在外,组会馆,联络乡谊,互通信息,互济急难,兼营善举,遇事和气商量,合群以互济。

【延伸阅读】

徽州古人,讲求与人相处,诚心和气,愉色婉言,倘能如此,则四海之内皆兄弟。徽商走出大山,经营四方,获得成功,与他们深刻理解和气生财的真谛分不开。为人切忌,成功时,志满意得,睥睨天下,全然不顾别人的感受和自尊心;而失败时,心怀忿恨,怨天尤人,让人见之退避三舍。今人所倡导的永远的微笑,实在是对古人"和气"两字的内涵形象的体现。

交友金言

【原文】

谦以交友和以生财①,勤以补拙俭以兴业②。

【译注】

①谦以交友和以生财:"谦",虚心,谦厚,谦逊;"和",和顺,平和。以谦厚虚心的态度与朋友交往,待人和善才能招财进宝。

②勤以补拙俭以兴业:"勤",做事尽力,不偷懒;"拙",笨拙,不灵巧,此处意指不足;"俭",节省,不浪费,俭朴,勤俭,克勤克俭。用勤奋补救自身不足,克勤克俭可以开创一番事业。

辑自徽州楹联。

【感悟】

谦以交友是一种境界,只有怀高才者才有之,因为他的胸怀若谷,能吐纳万物,吸取的是精华,交识的也自然是有才德之士。与人"争",常伤和气;与己"争",可以转化激发潜能的动力,而成为争气的人。

行谦让之德以营造和谐的周边环境是徽商的一大特点。徽商的客户关系、同行关系、宾东关系、政商关系特别融洽,为自身发展增强了合力,减弱了阻力。

【故事链接】

儒家讲求和谐,《论语》中"有子曰,和万贵"。因此徽商讲求"和以生财"。黟县民间有副横联"遇事虚怀观一是,与人和气誉群言"可谓徽商的座右铭。所以徽商在外,组会馆,联络乡谊,互通信息,互济急难,兼营善举,遇事和气商量,合群以互济。如黟县西递徽商的胡崇朴,营商重义,与人和善。人们评价他"与人无忤,而交游必慎"。

【延伸阅读】

——谦以待人,虚以接物。用恭敬、礼让的态度对待众人,用博大、无为的态度对待世间万物。

——不与人争,以谦待人,做个争气的人。

——待长辈"谦恭",待平辈"谦让",对晚辈"谦逊"。

——会争的人,无意中失去了很多朋友;不争的人,却常获得友谊。交一个好朋友,胜过耕一区好田。

——"南亩耕,东山卧,世态人情经历多。闲将往事思量过。贤的是他,愚的是我,争什么?"(关汉卿《南吕四块玉〈闲适〉》)。

——头等人,有本事,没脾气;二等人,有本事,有脾气;末等人,没本事,大脾气。

【原文】

正衣冠①,迎送宾客,尊而有礼②。

【译注】

①正衣冠:整理好衣服和帽子。

②尊而有礼:对客人尊重而有礼节。

【感悟】

"礼"者,尊重也。"仪"者,形式也。礼仪,就是敬人之道。在交际中注意公众形象和注重公关策略。人的一切都应该是美好的。美的心灵,美的仪表,美的语言,美的服饰,美的风格,表里需要如一。一个人仅仅徒有其表是不够的,但是仪表不修饰,或者修饰不规范也是不可以的。教养体现细节,细节决定成败。

【故事链接】

徽商重视儒家的礼教,除婚丧寿辰及逢年过节按一定规则行礼如仪外,即使在日常生活中也是正衣冠，迎送宾客，尊而有礼。而且徽商极为重视从小时对子孙的礼仪教育，尊重礼义，从体态、表情、言语这些生活中虽细微却明显的地方做起。徽商不少人事业有成，为使自己的子孙从少时即能吃苦耐劳，并学事礼仪，于是送他们到别人店中当学徒，操杂务，学书算，知业务，懂店规，侍候宾客，学习礼仪，有助以后成人继承家业。

【延伸阅读】

"君子敬而无失，与人恭而有礼，四海之内，皆兄弟也。君子何患乎无兄弟也?"——《论语》

保持一颗诚敬的心，使自己的言行减少过失，对待他人充分尊重、谦恭有礼，是可以通过提高自身修养做到的。一个人能做好自己，那么普天下的人都会爱敬你如同手足兄弟。要做一个有良好修养的真君子，又何愁没有兄弟呢?

二、宽以待人

> **用人之长，容人之短，不求完人，但求能人。**

"完人"，完美的、没有缺点的人。用人要用人的长处，宽容人家的短处，不要求人家是十全十美之人，只用有才能之人。

胡雪岩的成功与他善于收买人心、唯才是交、擅于借助他力、用人所长是分不开的。他在生意场上有极响的够交情的名声，无论黑道红道都把他看作做事漂亮的场面人物，愿意帮他做事或与他合作，这与他的不惜重金礼聘、以财揽才是分不开的。

胡雪岩在筹办自己的阜康钱庄时，非常重视人才的作用。杭州城为太平军攻破，后又被清军收复，城里一切都是兵荒马乱的景象，可居然有自觉恪尽职守的巡夜更夫。胡雪岩发现这个"奇迹"后，认为这个60多岁的老人是了不起的人才，胡雪岩觉得不可以放过，认为他最适合看管仓库，于是立即派人郑重地请其为自己帮忙。

胡雪岩身边的许多人，在别人眼中都是"败家子"，但他们在胡雪岩的手下，一个个都是具有特殊作用的不可多得的人才。这正是胡雪岩"用人之长，容人之短，不求完人，但求能人"用人观的最好的体现。陈世龙原是一个整天混迹于

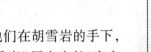

赌场的"混混",胡雪岩却把他带在身边。胡雪岩看到了他的长处:一是这小伙子灵活,与人结交从不露怯,打得开场面;二是这小伙子不吃里扒外,不出卖朋友;三是这小伙子说话算数,有血性。由于胡雪岩从这个人身上发现了这些优点,才将他调教成了为自己经商跑江湖的得力助手。

【延伸阅读】

胡雪岩成在识人用人,败也败在用人不当。胡雪岩经商后半期,他起用的几个主事伙计,有的本事有限,有的品性不好,毁了他的事业,坏了他的名声,他却一点儿也不知道,有的虽有察觉,却防不胜防。

【原文】

临事让人一步自有余地①,临财放宽一分自有余味②。

【译注】

①临事让人一步自有余地:"临事",遇事或处事;"余地",空隙的地方,比喻言论或行动中留下的可以回旋的地步。遇事让人一步,自然有周旋的余地。

②临财放宽一分自有余味:"临财",面对财物;"余味",留下的耐人回想的味道。面对财物放宽一分,自然就有其中的乐趣。

辑自徽州楹联。

【感悟】

明朝隐士高景逸说过:"遇事让人一步,自然有周转的余地;遇到财物放宽一分,自然就有其中的乐趣。"做官的,不能横征暴敛、鱼肉百姓;经商的,不能贪图钱财、欺行霸市;有钱人,不能竭泽而渔、为富不仁。凡事都要留有余地,人生在世,不要把福、禄、寿、财都享尽占尽,给别人也留一些。要心地坦荡、谦虚退让;君子爱财,要取之有道。"留余忌尽",忌盈忌满,过犹不及;留有余地,要知度有度,古往今来,凡事皆然；"留余"应该是昌家之道，做人　之则。

【故事链接】

　　胡雪岩对"人"字的解释是："人"生于天地之间，怎样才能做一个堂堂正正的人呢？那就是以"仁"做人，而商人的意思，就是经商要有仁慈之心的人。这样的商人知道什么钱能赚，什么钱不能赚；这样才能赢得人才为我所用，得人才者最终能得天下。胡雪岩对人才有着独特的理解，他认为"以钱赚钱算不得真本事，以人赚钱才是真功夫"。因此他始终坚持"以人为本"的原则，在用人上很有些独到之处。一次胡雪岩教训几个在投资中获利甚微的大掌柜，告诉他们下次投资时必须分析市场，不要贸然投入资金。胡雪岩话音刚落，外面便有人禀告，说有个商人有急事求见。前来拜见的商人满脸露出焦急之色。原来，这个商人在最近的一次生意中栽了跟头，急需一大笔资金来周转。为了救急，他拿出自己全部的产业，想以非常低的价格转让给胡雪岩。胡雪岩不敢怠慢，让商人第二天来听消息，自己连忙吩咐手下去打听是否真有其事。手下很快回来禀告，证实商人所言非虚。胡雪岩听后，连忙让钱庄准备银子。钱庄里现银不够，胡雪岩又赶紧命人从分号急调大量的现银。第二天，胡雪岩将商人请来，不仅答应了他的请求，还按市场价来购买对方的产业，这个数字大大高于对方的出价。那个商人惊愕不已，不明白胡雪岩为什么坚持按市场价来购买自己的那些房产和店铺。胡雪岩告诉商人说，自己只是暂时帮他保管这些抵押的资产，等到商人挺过这一关，随时来赎回这些房产，只需在原价上再多付一些微薄的利息就可以了。胡雪岩的举动让商人感动不已，他给胡雪岩深深作揖，含泪离开了胡家。商人一走，手下疑惑地问胡雪岩，有的大掌柜赚钱少了被训斥半天，可这笔投资赚钱更少，而且到嘴的肥肉不仅不吃，还主动给对方多付银子，您这到底是为什么呢？胡雪岩微微一笑回答："那个商人的产业可能是几辈人积攒下来的，我要是以他开出的价格来买，当然很占便宜，但人家可能就一辈子翻不了身。这不是单纯的投资，而是救了一家人，既交了朋友，又对得起良心。商海中有些钱是不能赚的。"后来，商人赎回了自己的产业，也成为了胡雪岩最忠实的合作伙伴。

【延伸阅读】

　　让别人一步，实际上是让自己一步。

　　让人一步自己宽。

【原文】

径路窄处留一步与人行①,滋味浓时减三分让人尝②。

【译注】

①径路窄处留一步与人行:在经过狭窄的道路时,要留一步让别人走得过去。

②滋味浓时减三分让人尝:在享受甘美的滋味时,要分一些给别人品尝。有好事的时候也想想别人。

辑自徽州楹联。

【感悟】

不要太好强争胜,得饶人处且饶人,别把事做得太绝。宽容他人,也是给自己留有余地。如果你能付出一片绿叶,就能收获整个春天;如果你能容下一点瑕疵,就能得到一块美玉。怀着一颗宽容的心去生活,再拥挤的世界也会变得无限宽广,再平凡的人生也会变得充满阳光。可能会有人说,现在是激烈竞争的时代,每一口饭,似乎都是从别人口中争下来的;每一个位置,如果你不占着,马上就有人抢去,还能考虑着留给别人么?其实,竞争是必须的,残酷也是可以想见的。但是,在你过上车马衣裘的生活时,也要想着还有人仍然衣不蔽体、食不果腹。当下那些为富不仁、贪欲无度的人们,如果他们能够留给别人一点,反馈社会一点,就不会招致被人仇视或杀戮的结果了。

【故事链接】

胡雪岩说:"我一向的宗旨是:有饭大家吃,不但吃得饱,还要吃得好。做生意跟打仗一样,总要同心协力,人人肯拼命,才会成功。"如果别人在你危难的时候帮自己一把,自己会对他感恩终身的。胡雪岩就是抓住了这一弱点来"功"人心。作为一个商人,胡雪岩对待江湖势力有着正确的态度。在胡雪岩的眼里,江湖势力并非都是蛮不讲理,随意黑吃黑,他们也有江湖道义可讲,所以他对江湖势力便以"花花轿儿人抬人"的态度相待。胡雪岩认为:我对你好了,就算你不为我尽心尽力,可是也不会做对不起我的事吧。而且,胡雪岩看到江湖势力与商业成败之间存在着密切的联系,处理得不好,只会给自己增添许多麻烦,处理好了，则可能使自己在商业场中一帆风顺。事实证明，胡雪岩的处理非常有效，也非常成功。

【延伸阅读】

有好事时多想想别人。抱宽容之心，这个拥挤的世界就会变得无限广阔，心情也会因此明朗舒畅起来！

【原文】

> 定须如我难求友①，到处饶人好着棋②。

【译注】

①定须如我难求友：一定要求别人都与自己一样就很难交到朋友。
②到处饶人好着棋："饶人"，宽容、体谅别人，尽量宽恕别人。"着棋"，下棋。处处体量别人才能走好人生每一步。
辑自徽州楹联。

【感悟】

学会与看不惯的人沟通，善于与不同性格的人相处。一个人能否和不同性格的人相处，不仅会影响他的生活，还会影响他的工作和事业。因此，学会和不同性格的人相处，对我们的工作、生活都具有重要的意义。

人与人交往中尽量对人宽容忍让，做人做事情要留有余地，不要太过分。

"过犹不及"这是圣人告诫我们的流传千古的为人处事的一个准则。得饶人处且饶人，做事不要做得太绝，要知道，善待别人就是在善待自己。给自己和别人留有余地，也给自己和别人一条退路，何乐而不为呢？大度一些，宽容一些，在宽容他人的同时，你也能为自己赢得好处——起码对方会感激我们。

【故事链接】

有一次,胡庆余堂的一个采购人员不小心把豹骨误作虎骨买了进来,而且数量不少。进货阿大认为这个采购人员平日做事很牢靠,忙乱之中未加详查就把豹骨入库备用。有个新提拔的副档手得知此事,以为又是晋升的机会了,就直接找到胡雪岩打"小报告"。胡雪岩当即到药库查看了这批药材,命药工将豹骨全部销毁。眼看由于自己工作失误带来巨大的经济损失,进货阿大羞愧地递了辞呈。不料,胡雪岩却温言相劝,说:"忙中出错,在所难免,以后小心就是。"但对那位自以为举报有功、等着奖赏的副档手,胡雪岩却发了一张辞退书。因为,在胡雪岩看来,身为副档手,发现伪药不及时向进货阿大汇报,已是渎职,而背后打"小报告"更是心术不正,继续使用此类人,定会造成上下隔阂。善任厚待、宽严相济的用人方针,使胡雪岩拥有一批尽心尽力的管理人才。

【延伸阅读】

一个人的涵养,不在心平气和时,而是心浮气躁时;一个人的理性,不在风平浪静时,而是众声喧哗时。世界上最折磨人的东西,是人自己的欲望,尤其是那种非分之想。现实生活中,种种得失利害对人的刺激,无时无刻不在发生,如果欲望太盛,这种种刺激每一次就都特别尖锐。康有为说:人为一己私欲所系缚,被外物颠倒役使,成天患得患失,刚从这件东西的追求中解脱出来,又跌入到那件事的营求中,就没有一刻可以安宁。

【原文】

劝善又规过①,益友道德尊②。

【译注】

①劝善又规过:"劝善",勉励为善;"规过",规正过失。对朋友做好事给予勉励,指出过错帮助纠正。

②益友道德尊:这样的朋友是有德之人、是益友。

辑自徽州楹联。

【感悟】

中国文化中交友之道的精髓在于"规过劝善",这是朋友的真正价值所在。有错误相互纠正,彼此向好的方向勉励,这就是真朋友,但规过劝善也有一定的限度。朋友的过错要及时指出,"忠告而善道之",尽心劝勉他,让他改正错误。

朋友都有其各自的优点和缺点,规过劝善固然好,也不应过度,否则便会失去朋友。让自己的眼睛多停留在朋友的长处上,既勉励了自己,又不至于走进友谊的误区。睁一只眼,多看到对方的长处;闭一只眼,少看到对方的弱点。

【延伸阅读】

"君子以文会友,以友辅仁。"

朋友间应该以什么东西来交往、相处,这是很重要的,若仅仅是以酒肉相处,那就是酒肉朋友,若是以利益相处,那也是绝对处不长久的。建立与人相互亲爱的关系,与朋友相处的积极意义不在于一起吃喝嫖赌,而在于人与人之间的"规过劝善"。人之奋斗一生,无外乎是想生活得好一些,快乐一些,幸福一些,如果全凭自己的努力,是很难做到的。因为人是社会性的、群聚性的,交到的好朋友越多,得到的帮助就越多,得到更多人的帮助,就能解决更多的问题,生活得就更轻松一些。所以,以高度的道德修养,广泛地建立与人相互亲爱的关系,并以文明的精神来建立这种关系,是做人的艺术,也是幸福生活的艺术。

【原文】

> 能容小人是大人①,能培薄德是厚德②。

【译注】

①能容小人是大人:能容忍小人的人是胸怀宽大的人。

②能培薄德是厚德：即使能培养少许德行也是在向大德进步。

辑自徽州楹联。

【感悟】

有人说成功有四要素：一是高人指点，二是贵人相助，三是小人监督，四是个人奋斗。高人指点，能帮助你找到方向；贵人相助，能助你克服困难；小人监督，能使你防微杜渐；个人奋斗，则是将你推向成功的内在动力。

大千世界，鱼龙混杂，什么样的人都有，不可能不与小人打交道。如何处理好与形形色色的小人的关系，并与之和平相处、相安无事，确实值得好好琢磨。与小人相处，切不可斤斤计较，事事较真。只要不是大的原则问题，不是欺人太甚，能忍则忍，能让则让。容让小人的过程，也是修炼自己的过程，成就君子的过程。凡君子者，必要成大事，而身边的小人，则成其成功的绊脚石。只有善待他，他才不会阻碍你。而与小人斗，对君子而言，实在是不划算。

"两君子无争，相让故也；一君子一小人相让无争，有容故也；争者，两小人也。"与小人无争，因为你是君子；与小人相争，你也变成了小人。"让，德之本也。""终身让路，不失尺寸。"小人就是小人，他们不会原谅别人，也从不原谅自己，终究吊死在自己的绳套上，在自生自灭中消亡。

【故事链接】

有位成功人士将造就一个人成功的主观努力和客观条件分别总结为四点。其主观努力是：圣人情怀、英雄本色、灵活手段、菩萨心肠。其客观条件是：高人指点、贵人相助、小人监督、菩萨保佑。

还有一个据说是一级别较高领导写的对联，上联是：先天不差后天努力苍天有眼；下联是：贵人相助高人指点小人监督。横批是：天人合一。

【延伸阅读】

"改变别人，不如先改变自己"

感激伤害你的人，因为他磨炼了你的心智。

感激欺骗你的人，因为他增进了你的见识。

感激鞭打你的人，因为他消除了你的业障。

感激遗弃你的人，因为他教导了你应自立。

感激绊倒你的人，因为他强化了你的能力。

感激斥责你的人，因为他助长了你的定慧。

感激所有使你坚定成就的人。

【原文】

主雅客来勤^①，人和天地阔^②。

【译注】

①主雅客来勤：主人家高雅的节气，不用自夸，不用附庸，自能吸引各方宾客前来结交。主人品德高尚、品位高雅，客人就会经常光顾。

②人和天地阔：人与人和谐相处会感到天地更加宽广。胸怀宽广天地也宽广。

辑自徽州楹联。

【感悟】

一个人有品味，与之交往能够感到愉悦，有收获。客人上门拜访，主人有礼有节，真诚热情，以心交心，客人自然心情愉悦，愿意再来。从现代家庭来说，这个"雅"字包含了许多内容，其中既体现了家庭的风格修养、文明程度，又表明了对待客人的应有态度。

胸怀是做人的肚量，也是一种境界。世界上最宽阔的是海洋，比海洋更宽阔的是天空，比天空更宽阔的是人的胸怀。在人与人的交往过程中，一个人是否具有宽广的胸怀，是判断这个人人品的重要标志之一。如果具备宽广的胸怀，这个人无论何时何地都会受到大家的欢迎；如果这个人心胸狭窄、小鸡肚肠，那么这个人则很难拥有良好的人际关系。

【延伸阅读】

人为万物之本，亦为万世之主。做人，是一种态度，也是一门学问。学会如何做人,则人生无忧也。我欲做人,应先学会立足于"天地"之"中"。人生长于天地之间,下立足于"地",上敬奉于"天"。在"天地"之间休养生息本意应该是取其"中"。

"天地人和",将人处于"和谐"与"平和"的世界之中,处于天地之中。它所阐述的是一种思想,更应该是一种境界。"天地人和",传承于古而宣扬于今,顺应社会发展,共建"和谐"与"和平",更有"天时,地利,人和"的意境,如果真如此,则事业昌盛,人生吉祥也。

【原文】

责人之心责己①,恕己之心恕人②。

【译注】

①责人之心责己:"责",责备,责问。以责备别人的心责备自己。责人从宽,责己从严。

②恕己之心恕人:"恕",原谅,宽恕。以宽恕自己的心来宽恕别人。用自己的心推想别人的心。

辑自徽州楹联。

【感悟】

对己要严,对人要宽。多想想自己的不足,学会用别人的错误修正自己,提高自己。

宽恕别人其实就是善待自己。对于他人的不足,要理解,给别人时间和空间,让他去改正自己的缺点;给别人机会,让他屏蔽自己的不足,不要评论、宣传别人的缺点,更不要嘲笑别人的缺点。宽容是一种文明胸怀,是一种智慧和力量,更是一种人生的境界,宽容了别人就等于宽容了自己,给他人一份宽容,给自己一片晴空。

【延伸阅读】

　　人生七味药：心善、心宽、心正、心静、心怡、心安、心诚。

　　心善，乐善好施；心宽，宽大为怀；心正，正大光明；心静，静心如水；心怡，怡然自得；心安，安常处顺；心诚，诚心诚意。

　　唐·林逋《省心录》曰："以责人之心责己，则寡过；以恕己之心恕人，则全交。"意为"以要求别人的标准来要求自己，那么过错就会很少；以宽容自己的心态来宽容别人，那么朋友就会很多。"

【原文】

在家不会迎宾客①，出外方知少主人②。

【译注】

　　①在家不会迎宾客：在家的时候，如果不知道如何迎接宾客。

　　②出外方知少主人：出门在外就会发现你要拜访的地方缺少主人的关心。

　　在家不理人，出外没人理。在家的时候不知道如何招待客人，出门在外才知道招待自己的人太少了。在家的时候不知礼遇上门的客人，当自己出门在外时，就不会受到别人的礼遇。

　　辑自徽州楹联。

【感悟】

　　善待别人，就是善待自己！

　　善待他人，把自己融入人群，获得友谊、信任、谅解和支持；

　　善待他人，调整失衡的心态，解脱孤独的灵魂，走出无助的困境；

　　善待他人，在人生的道路上，拥有充满快乐的感觉，走向充满希望的未来。

【延伸阅读】

　　授人玫瑰，手留余香。人是有感情的动物，要想结交真正的朋友，光有利益

是不够的。只有以心相交，以情义两字当头，才有可能结交到知心的朋友，别人也才会把你当成真正的朋友，从而为你事业的成功奠定坚实的基础。

　　人生于社会，离不开良好的社交圈子，这既是生存、立足的根基，也是拓展事业的必备条件。"在家不会迎宾客，出外方知少主人。"友谊、关爱历来是相互的，没有付出哪能有收获？作为个人，首先应该主动关心身边的人，想人所想，急人所急，爱人所爱，帮人所需，必能获得事半功倍的收效。

【原文】

> 轻财足以聚人[①]，律己足以服人[②]，量宽足以得人[③]，身先足以率人[④]。

【译注】

　　①轻财足以聚人："轻财"，不偏爱钱财，仗义疏财。仗义疏财能够团结人。

　　②律己足以服人："律己"，克制、把握自己，约束自己，要求自己。严于律己能够使人信服。

　　③量宽足以得人："量宽"，宽以待人。宽以待人能够得到人心。

　　④身先足以率人：身先士卒能够领导众人。身先士卒，率先垂范，为众人作出表率，那么又何愁大家不与你齐心协力，将事情办成呢？

　　不看重钱财，便可以将众人聚集在自己身边；严格要求自己就能使人信服；气量宏大便可得到他人的帮助；凡事身先士卒，应能成为他人的榜样。仗义疏财能够团结人，严于律己能够使人信服，宽以待人能够得到人心，身先士卒能够领导众人。

【感悟】

　　"聚人"、"服人"、"得人"、"率人"，归根到底是得人心，而得人心的前提是"其身正"。宽以待人，以身作则，才能赢得人心。而能得人心者，便可成就事业。财是众人所希求的，如果太重视钱财，而将利益一把抓，他人得不到利益，便会离开你。相反的，将利益与他人共享，甚至舍弃个人的利益，他人心存感激，就不会背叛你，所以说"轻财足以聚人"。自我约束是使他人心悦诚服的方法，因为人人心中都有个平等观念，你能做的事他便能做，如果不能约束自己，又怎能要他人约束自己？律己甚严，使他人心生敬意，自然就肯服从你了。肚量狭小，必然不能容人，也无法得到他人的爱戴，而纷纷离去。大厦失去了支柱，岂有不塌之理。因此，欲得人才而善用之，首先要有容人的雅量。凡事带头去做，才足以领导他人。因为多数人在困难面前犹豫不定，或者畏惧，如果领导者也如此，事情就难望成功。反之，能洞烛先机，解除疑惑，不畏困难地去做，那么他人便一扫疑惑，而欣然服从了。

【故事链接】

陈世龙原是一个整天混迹于赌场的"混混"，胡雪岩却把他带在身边。胡雪岩看到了他的长处：一是这小伙子灵活，与人结交从不露怯，打得开场面；二是这小伙子不吃里扒外，不出卖朋友；三是这小伙子说话算数，有血性。由于胡雪岩从这个人身上发现了这些优点，才将他调教成了为自己经商跑江湖的得力助手。

【延伸阅读】

一个人只要不是离群索居，与世隔绝，就必然要和各式各样的人发生交往关系。邻里、同事或者社会上的其他人，不管你愿意还是不愿意，都要相互发生联系。能不能正确处理这种人际关系，直接影响到一个人的思想、情绪、生活和工作。没有良好的人际关系，就不会有身心的健康愉快和事业的成功。社会是复杂的，我们所接触的人性格各异，脾气秉性不同，所以就要因人而异，区别对待。有句话叫"害人之心不可有，防人之心不可无"，因此善良的人们要有自我保护的意识，要有冷静的思考，要有洞察世态人情的智慧。另外防人过甚也会成为人际交往的障碍。

【原文】

求个良心管我①，留些余地处人②。

【译注】

①求个良心管我：希望自己有一颗善良的心，使自己时时不违背它。

②留些余地处人：为别人留一些退路，让别人也有容身之处。

【感悟】

人生天地间，要做有益于世之人，纵没这心肠、这本事，也休做有损于世之人。有一颗广阔的心胸，存善念，有爱心，知道克制贪欲，懂得自尊自爱。

"万金易求，良心难得。"在社会生活中，人们的心常常受到各种物质的引诱，偏见的误导，恶人的唆使。这就必须时刻注意自己修身养性，确立高尚的人格境界。这样才不会把自己原有的那颗善良的心失落掉。否则，随波逐流，不求清心寡欲，只能滋生偏心、妒心、贪心、邪心。揽镜自照，到那时恐怕连自己也不认得。

【延伸阅读】

许多在生活中跌倒的人，最常犯的错误就是，缅怀昨天，奢望明天，成天空想，却不知道该如何好好利用今天，也无法下决心从当下开始改变。

人生只有三天，活在昨天的人迷惑；活在明天的人等待；活在今天的人最踏实。你永远无法预测意外和明天哪个来得更早，所以，我们能做的，就是尽最大的努力过好今天。请记住：今天永远是昨天死去的人所期待的明天。

【原文】

人悔不要埋怨①，人羞不要数说②。

【译注】

①人悔不要埋怨：别人已经有悔意了就不要再埋怨。
②人羞不要数说：别人因做错事情已经有羞愧时就不要再数落了。

【感悟】

我们时常可以看见周围的人忙碌奔波,而当你问他们为何奔波,得到了什么时,又能有几人可以清楚明白地回答出来。更有许多人,在看似成功的背后,隐藏着更多的艰辛和心酸。人生一世,美酒佳肴是快乐的,粗茶淡饭也是快乐的;飞黄腾达是一种快乐,脚踏实地也是一种快乐。

【延伸阅读】

"杯子,还是湖泊"

一位年老的印度大师身边有一个总是抱怨的弟子。有一天,他派这个弟子去买盐。弟子回来后,大师吩咐这个不快活的人抓一把盐放入一杯水中,然后喝下。"味道如何?"大师问。"苦。"弟子龇牙咧嘴地吐了一口唾沫。大师又吩咐年轻人把剩下的盐都放进附近的湖里。弟子于是把盐倒进湖里,老者说:"再尝尝湖水。"年轻人捧了一口湖水尝了尝。大师问道:"什么味道?""很新鲜。"弟子答道。"你尝到咸味了吗?"大师问。"没有。"年轻人答道。大师对弟子说道:"生命中的痛苦就像是盐,不多,也不少。我们在生活中遇到的痛苦就这么多。但是,我们体验到的痛苦取决于它盛放在多大的容器中。"所以,当你处于痛苦时,你只要开阔你的胸怀——不要做一只杯子,而要做一个湖泊。

【原文】

人心换人心①,八两换半斤②。

【译注】

①人心换人心:在与人交往中,将心比心,平等相待。

②八两换半斤:"八两",指原有旧称十六两制的,八两即等于半斤。如果你用真心待人,那么别人也会用真心待自己。

【感悟】

在社会生活中，我们只要对朋友多一份尊重，对同事多一份理解，对亲友多一份关心，对家人多一份温馨，就会使人与人之间多一份和谐，多一些宽容和理解，少一些计较和猜疑。孟子曰："爱人者，人恒爱之；敬人者，人恒敬之。"民间也有一句俗语："你敬我一尺，我敬你一丈；你敬我一丈，我放你在上。"与人相处要真心相交，你如果时刻考虑的只是自身利益得失，从不顾及他人的感受，那么得到的可能多半是别人的冷漠和无情。只有懂得关心他人，体谅他人，尊重他人，做事时为对方留下足够的空间和余地的人，才能在生活中获取更大的成功。

【延伸阅读】

真诚交友，在学习中进步，在进步中成长，在成长中升华人生。真诚对待你身边的人，擦亮你的眼睛，去准确识别益友与损友。在我们的周围，总有一些人，他们是很关心你的，请不要漠视他们的存在，应少一点猜忌，多一点信任；少一些急躁，多一些包容。别人对你好的时候，要懂得感恩回报；别人对你不理解时，多一点耐心，虽然可能一时蒙受委屈，但等到真相大白之时，你的品质就会如同水晶，在误解的磨砺中愈发晶莹闪亮。俗语有云：人辱他人，乃自取其辱。比你优秀的人，请虚心学习，莫要嫉妒怨恨；在某些地方不如你的人，请不要歧视冷待他，因为正是他的这些不足，才能显示出我们存在的价值。

【原文】

以情恕人①，以理律己②。

【译注】

①以情恕人：对别人的错误和不当尽量用感情去引导和纠正。以情动人，善意地对待别人的缺点和错误。

②以理律己：理性地看待自身存在的问题和不足，以理服人。

【感悟】

　　律己宜带秋风,处事宜带春风。人与人的交往,不外乎情理两方面,会正确把握、运用,以情恕人,以理律己,就会从中提升自己的灵性;如果不会正确运用,反过来,自己德行也会因此而丧失,别人也帮助不了。明理,就在念头转换之间。临事先替别人想,论人先将自己想。对自己要严格要求,善于约束自己的行为,克制自己的欲望,解剖自己的灵魂。对别人要宽容厚道,善于推功揽过,平等待人。

【延伸阅读】

　　应"以情恕人"。情是人之常情。恕是儒家文化的中心,也就是己所不欲,勿施于人;由此而引申出体谅、宽容他人过失的意思。恕字上面是如,下面是心,所以恕,也就是如自己的心。日常生活中,能够体察人情,包容原谅他人的过失,自己能作心的主人,就能称心如意。恕字与怒字差别极微细,怒字上面是奴,下面是心,说明人一发怒,心就成为发脾气的奴隶了。而一般人总是比较体谅自己,对他人的错误就会用道理苛求,不能原谅。如果不考虑实际情况和对方的接受度,斤斤计较,我们的心就显得太刻薄了,也会造成人际关系紧张。

　　应"以理律己"。理是道理规则;律有规律的意思。要提升德行能力,回归性德,以理智折服感情,严格规范、约束自己的思想行为。如果感情用事,放任自己不良的习气爱好,没有不堕落的。时时保持理智,不徇私情,这种功夫要有很高的警觉性。看到别人的烦恼,用圣贤道理要求别人,指责别人,却似乎是很自然、很容易的。这时能够回过头来,用责备他人的心来责备自己,就能够减少过失,不至与人结怨。

【原文】

> 愿使人鄙我疾①,勿使人防我诈也②。

【译注】

　　①愿使人鄙我疾:"鄙",轻蔑,看不起;"疾",弊病,缺点。宁愿别人看到我身上有一些缺点。

②勿使人防我诈也：不让别人一见我就防着我，怕我骗他。

宁愿让别人看到我身上毛病，也不能让别人处处对我提防。

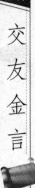

【感悟】

正视自己的不足，需要大勇气。成功者对自身的不足有一种坦然的态度，他不担心别人会怎么样看待自己，因而他能坦诚地承认自己的错误与不足，而不是回避、否定和遮掩。他能正视自己的缺点，努力改正自己，吸取别人的优点。这种自信、坦诚的人又怎么会把心理能量放在掩饰、防御、维护脆弱的自尊上呢？只有有勇气认识到自己缺点的人，才会正确地改正自己的缺点，让自己变得更加丰盈。承认和正视自己缺点的人是最优秀的人。

【故事链接】

一般人要争气，就是总跟别人比。胡雪岩非常争气，但是他从来不跟别人比。这点是很多人没有觉悟到的。胡雪岩跟谁比？他跟自己比。很多人跟他讲别人如何如何，他总是说那是别人的事，我走我自己的路。我们都认为同业一定会竞争，胡雪岩却不是这样想。他觉得，对手怎么经营是对手的事，自己怎么经营是自己的事。发现自己的不足，自己把事情做好，不是为了把别人比下去，而是为了证明自己比以前有了进步。这一点，值得我们好好思考。

【原文】

凡诗人，必须和颜悦色，不得暴怒骄奢，年老务宜尊敬，幼辈不可欺凌，此为良善忠厚。

【译注】

凡与人交往，必须和颜悦色，不能喜怒无常，狂傲骄奢；对年老的人应该尊敬，对年幼的人不要欺凌。这就是良善忠厚。

辑自《士商十要》。

【感悟】

　　人助人，善意亲爱的思想，足以唤起我们生命中最高尚的情感情操。它们能给予我们以健康、和谐的力量。不断地充溢心中以良善忠厚的思想、爱人助人的思想、真实和谐的思想，则一切不良的思想自会望风而逃。

【故事链接】

　　徽州商人大多强调"忠诚立质"，主张在商业经营活动中"以诚待人"，摈弃有些商人所惯用的"智"、"巧"、"机"、"诈"等等一切不正当的聚财手段，结果都能够赢利成业。如明代休宁商人张洲少时潜心举业，后来"挟资游禹航，以忠诚立质，长厚摄心，以礼接人，以义应事，故人乐与之游，而业日隆隆起也"。

【延伸阅读】

　　在生活中、学习中，待人一定要真诚友好。以诚待人，才是做人之本。以诚待人并不难，只要用一颗善良的心真诚地对待身边的每一个人、每一件事。要学会尊重他人、关爱他人、宽容他人、理解他人。

三、学人所长

【原文】

> **五谊并重①,广交良缘②。**

【译注】

①五谊并重:"五谊",族谊、戚谊、世谊、乡谊、友谊。"五谊并重",即族谊、戚谊、世谊、乡谊、友谊并重,不能厚此薄彼。

②广交良缘:"良缘",美好的缘分。多做善事,以得到众人的赞赏。

【感悟】

一个人事业的成功,80%归因于与别人相处,20%才是来自于自己的心灵。人是群居动物,人的成功只能来自于他所处的人群及所在的社会,只有在这个社会中游刃有余,才可为事业的成功开拓宽广的道路。没有一定的交际能力,免不了处处碰壁。

【故事链接】

徽商的宗族观念很重,外出经商总是按地缘、血缘关系一起居住。徽商地缘纽带可分为三个层次:一同域(徽州府),二同邑(县),三同乡(村),层次越低,凝聚力越强。但对商帮发展作用力最大的是因为其建立了一种独特的、成效卓著的组织形式——会馆。地缘纽带和宗族血缘纽带的存在,使在"会馆"中苦心经营的徽商们,更具凝聚力和活力。强大的商帮网络,奠定了徽商集团获取竞争优势的组织基础。黟县宏村承志堂主人、清末民初时汪定贵,在九江经营糖盐致富。他谦虚待人,广交朋友。他说:"五谊并重,广交良缘。"他经商所至沪、杭、九江、安庆、芜湖各地,交游甚广,政界汪庆辰,商界舒法甲、查邦达,古黟画家汪正泉等都是他的朋友,对振兴其产业以及丰富他的文化生活方面,都有助益。

【延伸阅读】

徽州居民有一个很大的特点,就是聚族而居,往往一村甚至一乡都是一个家族,所谓"千丁之族,未尝散处"。他们宗族观念浓厚,宗法成为维系家族关系的纽带。同样,在经商中,宗法在族人中同样起着重要的关联作用,往往出现"举族经商"的情况,族人之间在经商中相互提携、相互关照。举族经商的结果,是在徽州形成了一些著名的商人家族,譬如歙县的汪氏家族、江氏家族、鲍氏家族,休宁的吴氏家族,婺源的朱氏家族等等。这种举族上下成百上千人对商业的投入和专心,在明清时期的其他商帮中是不多见的。其中许多家庭都是几代人前仆后继,勤恳敬业,潜心经营。徽商的和谐精神不仅表现在家族中,也表现在一个个的商业团体中。即便在整个徽州商帮内部,也能做到同舟共济、以众帮众。遍布各地的徽州会馆、同业公所的建立,就突出体现了这种精神,从而大大地强化了徽州商帮内部的凝聚力,提高了市场竞争力。

【原文】

小屋如舟可容膝[①],与书为友得同心[②]。

【译注】

①小屋如舟可容膝:"容膝",言所居之狭小。房子虽只有小船大小但能容一人转身。小屋虽小容人居住就足够了。哪怕屋子小得仅能容身,都感到满足。

②与书为友得同心:有书做伴,与书交友,结为知己就心满意足了。

两句形成了鲜明的对比,即精神上的富足、孤高与物质生活的清贫之间的对比。在这种对比中,作者看重的是自己傲岸的情怀而非物质上的富足。

辑自古黟楹联。

【感悟】

在这个物欲横流的年代,我们也许不能免俗,我们也要为物质条件打拼一生,也要为生存竞争位子房子票子而委曲求全,但我们仍然不能轻视那些珍贵的精神财富,丢弃那些做人的气节、为人景仰的格调和品味、真诚的爱情和友谊。人与人之间应多一些尊严,少一些倨傲;多一些善良温厚,少一些功于心计;多一点理解宽容,少一点冤冤相报;多一点自我修炼,少一点反唇相讥;多看到自身不足和他人长处,少一些文过饰非、粗言恶语。

室雅何须大,花香不在多。喜欢家的感觉,哪怕是茅屋草棚。只要有了温暖氛围便是"家",只要有了亲人亲情就是"家",只要让人安心安定即可称之为"家"。追求傲岸的情怀而非物质上的富足,在有限的现实空间寻求无限的理想境界……

【延伸阅读】

"倚南窗以寄傲,审容膝之易安。"——晋·陶渊明《归去来兮辞》。

"屋小堪容膝,楼高好著书"——传奇书生杨度。

【原文】

记人不是正是添己黑暗[1],聚人好处方为长己灵光[2]。

【译注】

[1]记人不是正是添己黑暗:"不是",过失,失误。"黑暗",一种阴沉的心理状态。总是想到别人的过失并为自己开脱其实只能使自己心里更加阴暗。

[2]聚人好处方为长己灵光:"好处",优点,长处。"灵光",智慧。想法设法集聚别人的长处才是为自己增加智慧。

辑自徽州楹联。

【感悟】

以己度人，所以己所不欲，勿施于人；以人度己，所以应该将心比心，别人其实是自己的一面镜子，不要就真以为自己隐藏的很好，在别人眼中，真实的你其实已经无所遁形……

【故事链接】

有一位青年在一家企业就职，当主管问他对公司内另一位员工的看法时，他罗列了一大把那个员工的缺点：高傲、很懒惰、不易合作、狂妄自大，等等。庆幸的是，主管并不是个只听一面之词的人，他对这种自己没什么能耐，却专盯着别人缺点的人也很反感。当这位青年满心期待主管的夸奖时，没想到主管只是板着脸送给他一句话："千万别当手电筒！"主管的意思是告诫他不要只照着别人，看到别人的缺点，而忽略了自我检讨，就像手电筒一样。

【延伸阅读】

"攻人短处，是给人家洗衣裳，与我何益？护我过处，是给自己长肮脏，与人何损？"——《王凤仪道德语录》

【原文】

毋以己长而形人之短①，毋因己拙而忌人之能②。

【译注】

①毋以己长而形人之短："毋（wú）"，不要，不可以；"形"，对照，比较。不要拿自己的长处比别人的短处，不要用自己会的和别人不会的作比较。

②毋因己拙而忌人之能："固"，固执；"拙（zhuō）"，笨拙。不要因为自己不会而嫉妒别人会的，不要因为自己的不足而嫉妒别人的才能。

本句见于明·洪自诚《菜根谭》、《重订增广贤文》。

【感悟】

"尺有所短,寸有所长。"一个人不可能在任何方面都超过他人。正确的态度应该是:拿自己的短处和他人的长处比较,时时处处向比自己强的人学习,取长补短,互相学习,共同前进,共同提高。

意大利诗人但丁曾说过:"一个知识不全的人可以用道德去弥补,而一个道德不全的人却难于用知识去弥补。"由此可见,做一个有道德的人,是做人的基本准则。

【延伸阅读】

好说己长便是短,自知己短便是长。(申居郧《西岩赘语》)

毋私小惠而伤大体,毋借公论而快私情。毋以己长而形人之短,毋因己拙而忌人之能。毋恃势力而凌逼孤寡,毋贪口腹而恣杀牲禽。(《重订增广》)

【原文】

学浅自知能事少①,礼疏常觉慢人多②。

【译注】

①学浅自知能事少:才疏学浅知识不多所以自己知道能做好的事少。学识浅薄自己觉得能做的事情比较少。

②礼疏常觉慢人多:礼节不全常常觉得怠慢别人的时候多。与人交往疏于礼节就会感觉怠慢别人。

辑自徽州楹联。

【感悟】

礼和让应该相连的,让人一寸路,等人一分钟,饶他一句话,便可减少许多冲突纠葛。每一个人都和蔼一点点,

微笑一点点,便可聚积而成祥和瑞气,祥和瑞气弥漫散开,便可驱散阴霾乖戾。一个笑容,一声对不起,是那样轻

而易举,是那么惠而不费,而且那是易于感染的,是可以习惯成自然的。为什么不多给别人一点点礼貌呢?

一个人是否注意礼节,留给别人的印象是不同的。一个人如果能够通过自己的一言一行合乎情理地表达出自己对他人的尊敬、祝愿或信任,那这个人就会使别人感到自己受到重视,别人在对待他们时同样会以礼相待;如果一个人的言行和谈吐都太随便,那别人就会产生自己不被尊敬和重视的感觉,就不会形成互尊互敬的良好交流气氛。一个知识丰富的人可以将空洞的礼节演绎成富于生机的行为,让别人从内心深处感受到舒适。缺少内涵的礼节,只能让人感到做作和空虚。

【故事链接】

徽商的交友原则是重德尊儒,坚持和为贵、礼为先、广交良缘。奉行"温良恭俭让"即温顺、和善、恭敬、节制、谦逊。认为谦以交友,和以生财,勤以补拙,俭以兴业。而且,强调"五谊并重",即族谊、戚谊、世谊、乡谊、友谊并重,不能厚此薄彼。在生活情趣上,徽商人家特别崇文、重教、孝亲、讲礼,或者说是重读书、讲孝道、识礼节、扬文风。在古黟,诸如"几百年人家,无非积善;第一等好事,只是读书"等具有教化意蕴的楹联比比皆是。徽商家庭非常重视奉亲至孝。此外,爱好广泛,琴棋书画,文风浓郁,崇尚以文会友。同时,在交际中注意公众形象和注重公关策略,所谓"正衣冠,迎送宾客,尊而有礼"就是其重礼讲仪之写照。

【延伸阅读】

一个人如果懂礼,知礼,行礼,不但不会被别人厌烦,相反还会得到别人的尊重和认可,这在无形之中拉近了和他人的距离,更为以后彼此之间合作共事创造了有利的条件;反之,如果我们在平日里不注重这些细节问题,犯了"规矩"就可能使人反感,甚至会使关系恶化,更不用说"合作"两字。由此可见,礼仪,是我们每个人生活的重要组成部分,我们不仅要注重,更要行动。在经济飞速发展的今天,人与人之间的往来也更为密切,亲情,友情,爱情,无论哪个,我们都需要用礼仪来维护。

"礼多人不怪"原本指的是人际交往中"讲礼貌",精神层面的意思多些,当然也包括行为上要遵循礼仪。当代的人们把"礼"具体化了,变成了"礼物"。在实际交往中"礼物"取代了藏于内心深处的"敬意"、"喜爱",精神层面的示好要依赖送礼物来传达,这不知会让古人如何想?

【原文】

交友应学人长①，处事当克己短②。

【译注】

①交友应学人长：结交朋友应该学习人家的长处。

②处事当克己短：处理事务的时候要客服自己的短处。

辑自徽州楹联。

【感悟】

"尺有所长，寸有所短。"人都有他的长处，也有他的弱项，只要你细心就会发现每个人的身上都有闪光的亮点。所以我们做人做事必须保持谦虚的态度。学习别人的长处就是要保持低调；学习别人的长处就是要倾听别人的声音；学习别人的长处就是要肯定他人的长处。

向他人学习，还必须保持谦虚谨慎的态度，"三人行，必有我师。"要善于取人之长，补己之短，不懂、不会，要不耻下问，切忌不懂装懂、掩耳盗铃、自欺欺人。待人接物要礼让谦恭，用谦虚的态度博得他人的认可，在与人交往中不断提升自己的水平。

要发扬长处，回避短处。一个成功的人，他一定懂得发扬自己的长处，来弥补自身的不足。他能够发掘自身才能的最佳生长点，扬长避短，脚踏实地朝着人生的最高目标迈进。

【延伸阅读】

俞敏洪常讲的几句话

①做事像山，做人像水；

②成功是一个相对的概念；

③梦想和素质决定成功；

④22 岁还花父母钱是可鄙的；

⑤从打扫卫生到当总裁；

⑥用师者王，用友者霸。

【原文】

读未见书如得良友①，见已读书如逢故人②。

【译注】

①读未见书如得良友：读到没有读过的书，就像结交一个好朋友。见到自己以前从未见到过的书，像新得到了良师益友一样一见如故，如饥似渴地赶紧捧读。

②见已读书如逢故人：读已经读过的书，好像见到老朋友。偶尔又见到了从前自己曾倾心、喜爱的书，就像在他乡遇到了故人。

读新书如同结识新朋友，读已读之书如同老友重逢。

辑自徽州楹联。

【感悟】

人生结交两种人：一是良师，二是益友。

练就两项本领：一是做事让人感动，二是说话让人喜欢。

能吃得下两样东西：一是吃苦，二是吃亏。

把生活当作一本书来读，放出眼光去观察它，用心灵去感悟它。保持一颗平常心，不要埋怨看不懂理不清，生活本来就是这样，它需要你去慢慢体味。

【延伸阅读】

"读书与交友"

读书，是与古今智慧者的交流，也是现实的超越；读书，是在探索，从中发现人生中还有许多没有体悟到的地方；读书开阔视野，使思考更加理智、深邃；读书是一种消遣，读者同作者同喜同悲，忘其所以，自得其乐。——任志强

仅次于选择益友，就是选择好书。——考尔德

书卷多情似故人，晨昏忧乐每相亲。——于谦

交友金言

> 交游要学友之长①，读书必在知而行②。

【译注】

①交游要学友之长："交游"，和朋友往来交际。和朋友交往共游，必须仔细观察他的优点和长处，用心地学习，才能领悟到朋友的益处。

②读书必在知而行：对于古圣先贤所留下值得饯行的话，一定要在平常生活中实践，才算是真正体味到书中的用意。

辑自徽州楹联。

【感悟】

每一个人都有他的长处和短处，长处是我所当学，短处是我的借鉴。与朋友交往，不只想在一起游玩，应在言行举止中，观察朋友的长处，诚心诚意地学习。自己更要分辨什么是好的，什么是不好的；好的才该学，不好的不该学。那么无论什么朋友，对自己都是益友了。只有将书上的良言，付诸日常的应对进退、待人处世中，才是真正的"读书"。

【延伸阅读】

"三人行必有我师"，这句说了这么多年的话，它的经久不衰也就说明了它真的是有着很深的道理的。要在平时的细节中注意观察别人的优点，而后耐心地学习，耐心地找出自己与之存在的差距。

只有用心去领会书中的道理，耐心去领会其中的真谛，我们才能真正体会到书中所蕴涵的道理，让我们所学的知识真正成为我们前进的动力，帮助我们走好自己的人生路！知识的汲取应该是全方位的，应该是像海绵吸水一样地充实自己的头脑，并且给自己留出来足够的思考和实践的时间。

【原文】

要跟比你强的人在一起，才会有所收获，学到东西。

【译注】

与比你做得更好的人交朋友，才会学到别的地方学不到的东西，让你有更多的收获。

辑自胡雪岩自述。

【感悟】

要培养"崇强"心态，尊重强者，崇拜强者，学习强者。

要树立标杆思维，跟优秀的人在一起，只会使你变得更优秀。

总拿自己跟那些失败者比的人一般都是一事无成的。跟强者比，不断超越自己已有成绩，会让你更强。整天向弱者看齐的人注定要走向无能。

【故事链接】

徽商中有一些人迅速在商界同行业中成为"祭酒"即首领人物，他们都拥有一套行之有效的经营手段和经商理论。而徽商子弟就是向这些高手学习经商技巧。为培养三个儿子"趋时观变"的能力，歙商方文箴晚年在常熟"占市籍，程督其诸子岁转闽粤之货以与时逐"，在他的指导下，其子果然事业发达，"不三数年，凡致千余金"。见儿子们已能熟练操作这一技能，他才放心"令三子修其业，自屏居里中"。善于"与时逐"者，不仅要准确判断贱买贵卖的最佳时机，还要在做出决定后，雷厉风行地加以贯彻，不可稍有迟疑，即祁门商人程神保平常教育儿子所说的，"夫贾者，射时如鸷鸟去来，登龙断而辜榷"。商情物价瞬息万变，只有行动果断迅速，才能抢占有利形势，获取高额利润。

【延伸阅读】

要向他人学习，与能人交流。我们需要有谦虚的品质，而我们更应该懂得向他人学习，学习他人的优点，以弥补自身的不足。我们更需要有与能人交流的勇气，这样我们才能取得更大的进步，从而收获更多的东西。学习他人的优点，与能人交流，在人生中不断的积累，让积累成为一种力量，为我们自身奠定深厚的基础,让自己的内心变得强大,让自己的能力和素质不断地得以提高,让自己在锻炼中不断地成长,这样进步就会快一些。

知识与能力是一个人"才干"的两个重要构成要素。两者既有区别,也有联系。知识很大一部分是靠系统地学习前人的成果获得的,当然也要靠自己的总结积累。而能力,则主要靠自己锻炼才行。知识在实践中可以转化成为能力。不同的能力对知识的学习和掌握会有很大的差别。在今天,在这个知识爆炸的年代,如何有效地学习知识并且让它们发挥应有的效用,去解决我们在真实世界中所遇到的问题,便成为了一个挺难的问题了。解决这个问题的核心,就是了解知识的内在结构,把自己头脑中的知识结构化。

四、真诚待人

【原文】

> 惟诚待人人自怀服①，任术御物物终不亲②。

【译注】

①惟诚待人人自怀服："怀服"，内心顺服。只有以诚待人，人家才会信服你，跟你相交做生意。

②任术御物物终不亲："任术"，使用权谋，运用策略；"御物"，驾御万物。倘若只顾交往中耍弄歪术搞算计，那么不用说是人，就连物最终都会对你敬而远之。

这是徽商许宪对徽商交友哲学的精辟总结。

【感悟】

只有以诚待人，人家才会信服于你，经常与你打交道，否则，终会对你敬而远之。职场无小事，轻诺必寡信，重视你所说的每一句话，因为他都是在积累你的品质大厦，有两三块砖头质量不过关，就可能导致大厦将倾的危险。人在职场，七分做人，三分做事，人际关系是职场的根基。

【故事链接】

诚信是和谐的重要基础，徽商尤其重视诚信的作用。徽商诚信为本，恪守商业道德的观念，主要包含两层意思：首先是"诚"，主要是与人交往诚实不欺，体现在徽商便是诚意敬业，诚心待人上。歙县商人许宪在总结自己的经商致富经验时，就特别强调以诚待人的重要作用，认为"惟诚待人人自怀服；任术御物物终不亲"，正因为如此，"其经商也，湖海仰德"，"出入江淮间，而资益积"。诚信的其次是"信"，是指徽商"以信接物"，讲信用、重然诺、重视商业道德。如歙商梅庆余的经营原则是"诚笃不欺人，亦不疑人欺"，因而人到中年时就已积累了数千金的家产，并以诚厚闻名于乡里。

【延伸阅读】

"以诚待人，无往不利。"做人首先要真诚，在真诚的基础上获得的成功才是真正的成功！每一个成功的人都是守得住信誉的人，他们与人交往绝不会伪装真诚，相反，他们是靠着自己的诚信才赢得了周围人的信任，获得了最终的成功！

真诚是为人处世之根本，诚信做人才能够为自己建立良好的信誉。同事之交，一定要以诚相待，切不可对同事有过高的期望，更不可伪装真诚！伪装的永远都是假的，假的就永远不会成为真的，与其费尽心思去伪装真诚，倒不如摘掉伪装的面具，以诚相待。真诚待人会让我们获得成功的机会和意外的惊喜。

【原文】

存好心行好事①，说好话亲好人②。

【译注】

①存好心行好事：怀着善良之心，做有益的事情。
②说好话亲好人：说有益的话，结交品行好的人。
辑自徽州楹联。

【感悟】

——你有一颗善良的心，别人完全可以感受到。良心是安睡的最好枕头。

——存一颗进取的心，存一颗快乐的心，存一颗宽容的心，存一颗友善的心，存一颗高贵的心。

——敬人者人恒敬之。欲得到他人的尊重，必尊重他人。自重者，人重之。自尊者，人尊之。

——做让人高兴的事,做让人放心的事。

——良言一句三冬暖,恶语伤人六月寒。

——心存善念帮助他人,善良是生命中用之不竭的黄金,帮助别人,就是善待自己。

——你想让别人怎样对待你,你就应怎样对待别人。

【故事链接】

清代歙县西溪南商人吴嵩堂,曾谆谆告诫自己的子女,无论经商还是做人,一定要"存好心、行好事、说好话、亲好人"。用他自己的话来说,就是"人生学与年俱进,我觉厚之一字,一生学不尽亦做不尽也"。

【延伸阅读】

现代职场秘密:职场上没有人喜欢"好人",但大家都喜欢"好亲近的人"。如果你想在办公室崭露头角,不见得要对别人事事关心,但一定要看到事件的核心,并提出有效解决的方案,不能只靠人情或感情做决定。一旦成为好亲近的人,你会发现,自己总会得到很多来自别人的自愿帮助,同时也是大家遇到问题时交流、沟通的主角。还要记住:亲近好人办好事,跟上能人办大事,笼络坏人不坏事。

【原文】

要拿朋友的事当自己的事,朋友才会拿你的事当自己的事。

【译注】

认真对待朋友所托之事,并努力办好,这样朋友才会同样对待你,帮你办好事情。

交友金言

【感悟】

　　朋友,在胡雪岩的人生和事业中,起到了最为关键的作用,他是因为朋友　　而起家,也因为朋友而发达;他成就了朋友,朋友也成就了他。

【故事链接】

　　从 500 两银子资助王有龄进京捐官补缺开始,到后来的藩台麟桂、黄宗汉、嵇鹤龄、何桂清等;从开始的刘庆生、陈世龙,到后来的刘不才、裘丰言、古应春、周一鸣;从开始的张胖子、郁四,到后来的尤五、庞二、潘家等,他无不灵活地利用了利益这个法宝,把朋友很好地团结在了自己的事业圈内,为其所用。想想现在社会,大多数人把交朋友能成为自己所利用为前提,而不知道先有朋友,把朋友的事情当成自己的事情之后,才能获得朋友的帮助和信任,太过于功利;其次,现在人太在意自己的收益,而不知道自己真正的大收益是隐藏在朋友的交情之中的。所以,要很好地利用好利益这个法宝,真真正正把它作为一个很关键的连接点,把朋友和事业连接在一起。一个人的事业是要"花花轿子人抬人"才能行得通,走得远。

【延伸阅读】

　　人分这么几种:不认识,认识,熟人,朋友,知心朋友。"朋友"不看其是否当面表白,而是背后说起朋友的时候,是否提到过你。世界上最可怕的事,是你把别人当成了朋友,别人并没拿你当朋友。另一个判断朋友的标准是,在你走投无路时,你想投奔的人和你能投奔的人,到底能有几个?

【原文】

> 相见以诚①,相率以敬②。

【译注】

①相见以诚:以真心诚意相待。
②相率以敬:"相率",相继,一个接一个。交往中相互尊重。

【感悟】

先放低姿态，以诚相见。以诚相待，四海之内皆朋友。诚信是多方面的——对国家的诚信为"忠"，对父母的诚信为"孝"，对朋友的诚信为"义"，对真理的诚信为"德"。有诚信世界方有美丽，有诚信世界方有真情，有诚信世界方有希望。

【延伸阅读】

"诚与敬"

诚就是真诚、不虚伪、不做作、不怀疑、有信心，所谓："心诚则灵"。诚是一切的基础，没有诚，一切皆无可能。诚，指诚心，诚信，诚实，这是做人的基本功，如果没有这个诚，一切均为虚幻。只有诚，自己内心才踏实，自己一切才有分寸、方位，不然就不能相信自己和他人。诚是一种真工夫，人敢以诚示人表明了对自我的坚信。没有坚强的自我，就不敢诚以待人。

内心真诚表现于外即为敬。敬，是敬畏、敬重、尊敬、恭敬的意思。敬是对他人的重视，对外界的重视，是对自我有限性的认识。人是社会的人，人不可能自存，人必然地与他人打交道，人必然有求于人，否则人就不可能实现自己的意志与主张。当人受到尊敬的时候，他会尽自己所能帮助你。相反，如果对方被藐视的时候就可能表现出敌意。有的人常常目中无人，这实际上是不尊重他人的表现，同时这也是自我虚浮的表现。没有诚心，就没有敬畏，就不可能有尊重。诚表现为内，敬表现为外，两者本质一体。诚为本，敬为末，如果只敬不诚，则是阴险狡诈做作。如果只诚不敬，则为愚笨憨直。

【原文】

处世须防开口错[①]，交人只要到头真[②]。

【译注】

①处世须防开口错：待人接物时要避免话多得罪人。
②交人只要到头真：与人交往自始至终都要真诚。

交友金言

【感悟】

要勤思善谋,慎言敏行,将聪明用在行动上。

吉祥的人言语很少,因为他的心静得下来,心一静下来就懂得审时度势,察言观色,所以话不多,但是话一出来就会让人家觉得很能够信任,所以他都在适当的时机才开口。

【延伸阅读】

"学习做人是一辈子的修行"

——做人要像一面镜子,时刻自我观照;

——做人要像一本簿子,不断记录功过;

——做人要像一支蜡烛,永远照亮别人;

——做人要像一个时钟,分秒珍惜生命。

【原文】

交以诚接以礼①,近者悦远者来②。

【译注】

①交以诚接以礼:以真诚与人交往,以礼仪接待客人。

②近者悦远者来:使近处的人们生活得快乐,让远方的人们前来归顺。近者悦是因为政治清明,人民安居乐业,生活蒸蒸日上;远者来是因为国力强盛,声名远播,让人信服。

【感悟】

诚信可能吃点小亏,但吃不了大亏;诚信可能吃点近亏,但吃不了远亏。诚信者吃亏的社会是不健康的社会。

【延伸阅读】

"近者悦,远者来"

孔子《论语·子路》:"叶公问政。子曰:'近者说(悦),远者来。'"叶公向他请教怎样治理一个地方。孔子回答:"近者悦,远者来。"告诉他要先让境内的人民欢悦无怨,于是远处的人就会慕名而来投奔。

对于个人来说,要正心修身。内心的丰满和轻盈以及健康的体魄。有着轻盈、干净、简单、明朗的感觉。不要忽略离我们最近的幸福。

洛克菲勒说:"建立在商业上得友谊,比建立在友谊上得商业更重要。"

【原文】

> 与人交尚信义。

【译注】

"尚",崇尚,尊崇;"信义",信用和道义。与人交往要尊崇信用和道义的原则。徽州商业道德的最大特色是"以儒道经营",即按照儒家的道德规范来行事。我们可以用"以诚待人"、"以信接物"、"以义为利"这12个字来概括徽商的商业道德。

【感悟】

背信弃义者遭人唾弃,重信重义者得人敬重。不论对事对人,我们都应该重情重义。重信重义是美德,换来的是人们的敬重。背信弃义的人,为了自己的利益不择手段,伤害到他身边的人,这种人只会招人厌弃。生活中,无论是朋友相交,还是与其他人交往,都该讲信义,这是为人立世之本。

【故事链接】

典当业是中国农耕文明时代出现的一种信用行业,经营实物抵押、兑换现金,定期取赎,按时抽取利息。徽州商人经营的四大行业包括盐典茶木四大项,其中尤以典当商人经营方式最为独特,有的就十分重视信义二字,凡是借贷银钱、收取存银,或为他人做事,或答应过人家的事情,在于那些正直的徽商们都会守信不渝的。像明代休宁商人程锁、程伟正是两个典型:程锁在经营钱庄时"终岁不过什一,细民称便",还在经营粮食贸易时,纵使遇上大饥之年也不抬高市价以乘机从中牟取暴利。而程伟则由于"信义远孚",故而"富商大贾之赀咸欲委托于公。自是公之财日益丰,公之名亦日益著"。

【延伸阅读】

"背信弃义的下场"

德国诗人汉斯萨克斯曾经写过一个背信弃义的动物寓言:一只田鼠想要过河就请求路过的青蛙帮忙。青蛙连连应诺,并找来一根绳子分别拴在各自身上,然后跳到水里朝对岸游去。游到一半时突然往水下潜去,想要淹死田鼠。田鼠被拉进水中,它一边挣扎一边责问青蛙怎么可以做这种不讲信义的事,青蛙毫不知耻地说:"常言道:甜言蜜语的背后隐藏着背信弃义。谁让你不知提防呢!"这时,天上一只白鹤飞来,看到水中的田鼠在挣扎,便俯冲而下,抓住了田鼠,飞回巢穴。白鹤回到窝巢后才发现还有只青蛙,奇怪地问它是怎么来的。青蛙回答说自己恶有恶报,本来想淹死田鼠的,现在却连自己也倒霉了。白鹤说:"这是你背信弃义的应得下场!"说完就把不讲信义的青蛙吞进了腹中。

【原文】

> 待人接物[1],诚实不欺[2]。

【译注】

[1]待人接物:跟别人往来接触,与人相处。
[2]诚实不欺:真诚老实,不做欺瞒蒙骗之事。

【感悟】

徽商们深知,商人和顾客二者是互惠互利的。商人只有诚实不欺,方可赢得顾客的信任。诚信是一个社会赖以存在的道德基础,是人的良知在客观环境中的一种外露,是人的一种心理活动的外在表现。诚信的核心一是诚实,二是守信。诚信是做人的基本原则,也是人的活动中相互联系的道义凭借。人无诚信,无以立身;国无诚信,无以邦交。

【故事链接】

休宁商人刘淮,在嘉兴、湖州购买、囤积了大批粮食,有一年当地遇上灾荒,有人为刘淮庆幸,劝他乘机狠狠赚上一笔。刘淮却说:应该让老百姓度过灾年,重新复苏,才是大利。于是将囤积的粮食全部减价出售。同时还命人煮粥免费提供给灾民。减价售粮,应该还是有利可图的,但刘淮把利益的获得同"义举"联系在一起,是徽商"利缘义取"的典型例子。

【延伸阅读】

当下社会,面对纷繁的物欲诱惑,我们更要坚持做人的准则,用诚信约束自己。在喧嚣声中,坚持诚实,守住心灵的净土。言而有信、诚实不欺,这样才能取信他人。对自己人生的责任心,是其他一切责任心的根源和出发点。一个人活在世上知道了自己究竟想要什么,认清了自己在这个世上要做的事情,并且认真地去做,他就获得了一种内在的自觉、充实和安详。他知道了自己的责任之所在,因而种种似是而非的所谓责任、虚假观念都不能使他动摇。如果一个人能对自己的人生负责,那么他对包括事业以及婚姻家庭在内的一切社会关系,都有一种负责任的态度;如果一个社会这样的人多了,这个社会一定和谐安康而有效率;如果一个人明了自己的责任,懂得做人是超乎成功之上更有价值的人生,那么,这将使他拥有某种人之永恒的东西,由此支撑他度过未来凶吉难卜的岁月。

五、邻 里 和 睦

【原文】

> 远水难救近火^①,远亲不如近邻^②。

【译注】

①远水难救近火:远处的水救不了近处的火。取水救火时,远处的水搬运困难,等搬来时火势可能已燃得更凶了,相比之下近处的水取来后可随时将火扑灭,不会造成更大的损失。比喻迟缓或远处的救助不能解决眼前的急难。

②远亲不如近邻:遇有急难,远道的亲戚就不如近旁的邻居那样能及时提供帮助。用于告诫人们要处理好邻里关系。

辑自徽州楹联。

【感悟】

救急,讲究的是时间距离越短越好啊!遇到困难时,远处虽有亲戚,可因路途相隔遥远,一时难以唤回帮忙,相比之下邻居虽不是亲戚,当遇到困难时随时都能伸出友谊之手帮助你。好邻居很重要。如果遇到麻烦了,可以找邻居来帮忙并协助。拥有一个好邻居,是一种幸福。

【延伸阅读】

中国已经进入"陌生人社会"了

互不信任增加了社会运行的成本,也让人的情绪变得负面。一方面对陌生人处处提防;认为这是让自己利益免受伤害的必要方式;另一方面抱怨"人性冷漠"、"道德滑坡"。一方面指责他人"麻木不仁"、"见死不救";另一方面又提醒亲人朋友遇事别"出手"、少"出头"。透过这种纠结,不难发现,人的内心始终在向往温暖,良知和传统美德远未消失。同时这种纠结也提示,在从传统的熟人社会向陌生人社会转型的过程中,必须处理好重构社会信任这一课题。信任的重建是个宏大的系统工程,推行诚信教育、道德教育无疑极其必要。不过,当完全陌生的两个人相处并涉及种种复杂的利益时,道德是否缺席是谁也拿不准的事。核心的任务当是树立起法制的权威,让人们对法律"惩恶扬善"的功能有信心,进而自觉按照规则和公共原则办事。

【原文】

务勤俭而兴家庭①,务谦厚而处乡里②。

【译注】

①务勤俭而兴家庭:要勤劳节俭,家业才能兴旺。

②务谦厚而处乡里:"谦厚",谦逊厚道。要以厚道谦逊的态度与乡亲们相处。

【感悟】

交友先从乡邻开始。徽州人民风淳朴,重乡情,分外注重乡谊亲情。凡是在外谋生的徽商,都互相关照,互相提携,这是徽州人不成文的千年不易的规矩。若有同乡经营不善而致破产,需要老乡支援赞助,只要其人行为端正,不嫖不赌,有诚信口碑,一般都能得到乡邻朋友的接济。商人之间都注重提携后辈,从而抱团协作,组成徽商集团,共同进退,在生意场上战无不胜。

【故事链接】

"欲把名声充宇内,先将膏泽布人间。"徽商不仅在家乡的公益事业中留下美名,而且足迹所至,造福一方。他们对修路、筑堤、浚河、救灾、赈荒也是责无旁贷。徽商多豪商大贾,经营规模较大,常在异地同时开店经营,或在一地兼营数种行业,必然需要帮手。徽人乡里观念极为浓厚,在雇佣"朝奉"、"伙计"、"伴当"之时,往往首先考虑选择同乡。所以徽商与其副手之间,多为乡邻。而对其"副手"、"伙计"而言,被乡里大贾雇佣提携,往往是日后小本起家、发家致富的基础。徽商中财力雄厚者固不乏人,但为数更多的则是为生计所迫而不得不闯荡江湖、谋食糊口的小商小贩。后者虽资本无多,却从父兄亲友及身家阅历中学得了丰富的商业知识。这些本事,是商贾家最用得着的。对他们而言,先从"伙计"做起,积攒一定资本后再独立经营,不失为其谋生之路。这种以地域乡里关系为纽带的结合,不仅使商业资本与经营管理经验得到最佳组合,大大提高经营效益和雇佣双方的利益,也为更多徽人从贾打开方便之门,从而促进了徽州商帮的发展。

【延伸阅读】

远亲不如近邻。自古以来,中国人追求的大境界之一就是邻里关系的和谐。人们从古时起一直是群居生活,不少民族至今保持"大杂居,小聚居"的传统作风,邻里关系亲密友好,称得上"五湖四海皆兄弟"。民间最通俗的说法是"远亲不如近邻"。远亲不如近邻指遇有急难,远道的亲戚就不如近旁的邻居那样能及时帮助。这句话表示邻里之间关系亲厚,是一句让人感到温暖的常用话。

【原文】

我爱邻居邻爱我①,鱼傍水活水傍鱼②。

【译注】

①我爱邻居邻爱我:邻居之间相互关爱。

②鱼傍水活水傍鱼:鱼因为有水而存活,水因为鱼的存在而鲜活。

将邻里关系比作鱼水,不仅对得极为工整,更表达了徽州人与邻修好双方和睦和谐的观念,颇具人情味。

辑自徽州楹联。

【感悟】

《春秋左传·隐公六年》中就有言："亲仁善邻，国之宝也。"把善邻看作国家之宝。"远亲不如近邻"，是建立在农耕文明基础上，人际相互依存度高的产物。邻里的互助更多基于生存的共同诉求，能建立起人际之间高度信任感。和谐的邻里关系，一直都是传统文化价值中，最具温暖、最具人性化味道的一抹亮色。乐善好施，敦邻睦族，促进乡村安宁，体现了徽州人"仁心济世"的人文关怀。

【延伸阅读】

《孟子·滕文公(上)》说："乡里同井，出入相友，守望相助，疾病相扶持，则百姓亲睦。"描绘了一幅邻里相亲的美好图景。曾几何时，邻居之间互相串门、聊天甚至在一起吃饭、嘘寒问暖都是常见的事情，而今随着高楼越建越多，邻居之间物理距离越来越近，然而心理距离越来越远。当防盗门和猫眼隔离了邻居的隐私，相应地也阻断了咫尺之间的问候，邻居成为"最熟悉的陌生人"。日渐疏离的邻里关系是生活节奏的加快、居住方式的变迁以及社会结构的日益多元化诸多方面共同作用的结果。不同的社会群体的邻里关系具有不同的特征。以前人们多来自同一个家乡或同一个单位，彼此熟悉，邻居之间的社会互动较多，居民与居委会等传统邻里组织的关系联系也较为密切。住房结构的改变导致我们从"熟人社会"步入"匿名社会"，人们保护个人隐私的意识不断增强，社会分工的细化与专业化程度的提升、科技的发达使人们相互依赖感降低，生活节奏的加快更迫使大家放弃交流的时间和渴望。

【原文】

礼让风行蔚为仁里[①]**，亲戚情话锡以箴言**[②]**。**

【译注】

①礼让风行蔚为仁里：守礼谦让风气盛行，这里就是仁者居住的地方。

②亲戚情话锡以箴言："情话"，知心话；"锡"，馈赠；"箴言"(zhēn yán)，规谏劝戒之言。邻居乡亲们真情相待，真情交流，相互鼓励劝诫。

辑自婺源思本堂客厅联。

【感悟】

我们开始厌倦物欲横流、快速无节制的生存方式。悠闲恬适的生活不再，亲情和友情被冷落。无论是在城市还是在乡村，无论在大街还是在楼道里，到处是急匆匆的脚步，人们似乎都在围绕金钱这个魔杖像陀螺一样在高速旋转，看着都让人觉着疲惫。

田园牧歌似的生活离我们越来越遥远，只存在我们甜蜜又苦涩的梦里。科技的发达，除了造就形形色色、光怪陆离的水泥森林，就是创造越来越多奇形怪状、张牙舞爪的机器。我们创造了这个世界，我们的生活水平得到了丰富和提高，我们的科技发展一日千里。殊不知，我们在享受高科技带来的方便的同时，却也作茧自缚，为了这种享受而越来越多地将自己与这些冰冷的机器捆绑在一起，甚至让它们在我们的身体里寄居，越来越远离那些维持我们生命所真正需要的东西，比如灿烂的阳光、清新的空气，比如毫无污染的清泉，比如那散发着芬芳气息的花草和泥土地……

从村庄走出的年少气盛的青年，在城市变成了世故圆滑的中年，是城市让他未曾说话笑在前，话到嘴边留半句，不论人非，常掩己过，无奈地承受着不愿但又无法改变的一切。尔虞我诈的人际关系，拥挤吵杂的生活环境，贫穷与富有、时尚与传统、积极与懒惰、强大与无助、空虚与充实、高尚与卑鄙、喧哗与冷漠等等，这一切，城市都有。城市里有上帝也有魔鬼，能将一个坏人变好，也能使一个好人变坏，这就是城市的功能。这一切，村庄没有。

【故事链接】

徽州古村落的淳朴民风

歙县古村落洪琴汪姓同其他氏族一样，有严格的族规。辈分大小有别，不可乱喊坏了伦礼纲常。辈分用字表现，宗由族长议定，一字一代，限于男丁。男孩取名，第一个字是姓，第二个字表辈分，第三个字才是自定。这样，每个人的辈分大小，一听或一看便知。"叔、伯、爷、公"是不会喊错的。做媳妇的女人在称呼上要下降一级，即称呼丈夫的哥叫伯，丈夫的弟称叔。其用意是让下一代跟着称呼，不会违规。辈字又分上门和下门平行两大支，如九十三世至九十六世，上门是"富民士安"4字，下门是"俊德克明"4字。同辈而年长者称之"哥"，辈分小而年长者,也可以从敬老的道德角度称之"哥"。如果把长辈称呼小了,则是"失礼";把小辈称呼大了,则"折煞人也"。长辈对晚辈具有权威性,辈分越高,权威越大;长辈讲,晚辈听,大人讲,小孩听,不可顶嘴,更不能"还手",否则,便是大逆不道。遇事,长辈可为晚辈出面评理讲公道。长辈应以身作则,在道德言行上为晚辈作出良好的榜样。

【延伸阅读】

"悦亲戚之情话,乐琴书以消忧"

陶渊明《归去来兮辞》:"归去来兮,请息交以绝游。世与我而相违,复驾言兮焉求?悦亲戚之情话,乐琴书以消忧。农人告余以春及,将有事于西畴。或命巾车,或棹孤舟。既窈窕以寻壑,亦崎岖而经丘。木欣欣以向荣,泉涓涓而始流。善万物之得时,感吾生之行休。"

五、邻里和睦

六、友 爱 相 处

【原文】

> 天性孝友①，气谊敦笃②。

【译注】

①天性孝友："天性"，人先天具有的品质或性情；"孝友"，与朋友友爱。

②气谊敦笃："气谊"，义气情谊；"敦笃(dūn dǔ)"，敦厚笃实。敦厚：诚朴宽厚；笃实，淳厚朴实，忠诚老实，踏实实在。明冯梦龙《古今谭概·儇弄·竹堂寺》："唐伯虎、祝希哲与文徵仲气谊甚深。"《红楼梦》第九三回："世交凤好，气谊素敦。"

辑自徽州楹联。

【感悟】

商人有文化，如果其交往的也是有文化的人，则气质、智力、判断力和洞察力以及品位自然比较高，在商品市场瞬息万变、供求之间盈亏莫测的情况下，善于审时度势，精于筹划，因而获利不仅多而且快。商人有文化，在与官府交往、同显贵应酬中，便能言语相通，应对自如。

【故事链接】

徽州盐商郑鹤旸在衢州营盐多年，其人儒雅，亦贾亦儒，结交社会名流。万历时东阁大学士叶向高与郑鹤旸友谊甚笃，为他撰写《新安里记》："定阳之有新安里也，盖鹤旸郑子创也。郑子新安名族，以业蹉侨寓定阳，因携家卜筑焉。其址在邑城之东，环数十家皆其产也，凡新安人氏流寓兹土者，郑子悉聚而居之，既洽比其邻,又念里族邱垄皆在新安,因于其地创辟一里,额曰新安里,示不忘本也。吏部殷君宗器与郑子同里,至戚相友善,尝为余言郑子性孝友,气谊敦笃,颇有郭有道、徐仲车遗风,且长材宏略,雅志经世,间有所论述亦不类经生家言,殆伟士也。余心识之久矣,……余既稔郑子之为人,又嘉兹里之创之有合乎也,因为之记。"这篇情文并茂的《新安里记》,赞扬郑鹤旸为"令德冰操"的"伟士","天性孝友,气谊敦笃","长材宏略,雅志经世",非一般商贾者流,是儒化的徽州儒商。叶向高(1559—1627),字进卿,号台山,福建福清人。"为人光明忠厚,有德量,好扶植善类。"万历时任礼部、户部、吏部尚书,少师兼太子太师,天启时任首辅。堂堂位崇权重的名士竟为一徽商撰文,表明晚明官、士、商的界限已淡化,高官可以为商人写评赞碑记,徽商也可以进入主流社会,与高官名流交游,平起平坐,引为知己,而高官也并不因此有失身份。这一现象是社会的一大进步,表明晚明社会已进入一个蜕变时期。

【原文】

积德箕裘惟孝友[1],传家彝鼎在诗书[2]。

【译注】

①积德箕裘惟孝友:"积德",积累善行;"箕裘",《礼记·学记》:"良冶之子,必学为裘,良弓之子,必学为箕。"孔颖达疏:"积世善冶之家,其子弟见其父兄世业鼓铸金铁,使之柔合以补冶破器,皆令全好,故此子弟仍能学为袍裘,补续兽皮,片片相合,以至完全也……善为弓之家,使干角挠屈调和成其弓,故其子弟亦覩其父兄世业,仍学取柳和软挠之成箕也。"良冶、良弓,指善于冶金、造弓的人。意谓子弟由于耳濡目染,往往继承父兄之业。后因以"箕裘"比喻祖上的事业。"孝友",事父母孝顺、对兄弟友爱。培养道德的根本,只有孝敬和友爱。

②传家彝鼎在诗书:"传家",子孙或子孙世代相传;"彝鼎",古代祭祀用的鼎、尊、罍等礼器。传宗接代的至宝,在于经史与文章。

辑自徽州楹联。

【感悟】

人对人,实应奉行"尊人、敬人"之法,做到了,也就收到了"人尊、人敬"之效。记住别人好的,忘记别人坏的,心就能宽,体也能健。有人,生命像一滴水,很快就被历史蒸发得无影无踪。有人,生命像汩汩流水,流入田野,滋润大地,激发和养育了更多的生命。有一颗淡泊的心志,头顶就会是一片片的蓝天;有两袖宁静的清风,脚下就会是条条通往罗马的大道。

【故事链接】

明嘉靖年间的休宁商人汪弘认为,商人"虽终日营营,于公私有济,岂不愈于虚舟悠荡,蜉蝣楚羽哉"!从某种程度上说,商人对社会的作用远胜于那些整天纵情山水、无所事事的儒士。入仕要经历十数年寒窗苦读,贫寒家庭难以支撑,并且由读书到入仕是羊肠小道,有的痴心汉"年年去射策,白首尤儒冠",读书到老也难以入仕。况且有的士子不务实际,靠的是摇唇鼓舌,虚于荡舟悠闲,实在是不如经商者于公于私都有益。徽州社会正是由于存在这种注重实效的务实精神,才使得创业之路不断宽广。

【延伸阅读】

大其心,容天下之物;

虚其心,受天下之善;

平其心,论天下之事;

潜其心,观天下之理;

定其心,应天下之变。

【原文】

须知难得惟兄弟①,务在相孚以性情②。

【译注】

①须知难得惟兄弟:要明白兄弟之情是最难得的。

②务在相孚以性情:"相孚",为人信服,相互信任。务必要以真情相互

帮助。

　　兄弟乃手足,缘分实难得,务必用真情与禀性去取得相互的信任与辅助。

　　辑自徽州楹联。

【感悟】

　　所谓真性情,一面是对个性和内在精神价值的看重,另一面是对外在功利的看轻。一个人在衡量任何事物时,看重的是它们在自己生活中的意义,而不是它们能给自己带来多少实际利益,这样一种生活态度就是真性情。

【延伸阅读】

"手足之情至爱亲情"

　　中国人称兄弟姐妹为手足,正比喻了其间密切的关系。手足同样由身躯伸出,他们靠着同一心脏压缩出的血液而生存;他们彼此扶持、荣辱与共。在我们的生命中,可能获得的朋友相当多,但没有任何朋友能完全等于手足。朋友可以与你绝交,从此便不再是你的朋友;夫妻可以离异,从此就不再是夫妻。但是手足即使有了摩擦、产生争执,甚至登报脱离关系,他们实实在在还是同父母所生。那与生俱来的"同",是无法改变的。兄弟,同胞兄弟,同受父母给予的毛发体肤,同流着父母的血液,同在父母的羽翼下成长,同是父母身上的分子,同是父母身上的肢体……兄弟如手足。血脉相通的兄弟之情,是骨肉相连的手足之情,是无论用多少金钱无法买到的亲情!

　　手足之情是一种令人羡慕的亲情,是成长的过程中的一种传奇,是父母之爱的延续。它不是一种娇嫩的感情,而是生活磨砺之后发自内心的真情。手足之间存在一种能量的争夺,让人看到生命的残酷,但也能从中看到手足之间相互照顾依赖的质朴的道德美。手足固然可能从父母那里,分享原属于自己的时间与物质,但是他们也彼此给予了关爱与帮助。有一天你会发现,手足不但是父母生命的延伸、童年记忆的延伸,而且是故乡的延伸!

　　兄弟本是同根生,莫因小事起争端。手足之情诚可贵,万事须念骨肉情。人生难得有兄弟,同心协力铁成金。谦让尊敬情意长,天伦之乐须珍惜。为人当效孔让梨,打虎还须亲兄弟。桃园结义刘关张,世代相传美名扬。

【原文】

只有和气去迎人①，哪有相打得太平②。

【译注】

①只有和气去迎人：应该和和气气对待别人。要过上安宁日子，就要和和气气地去对待周围的人。

②哪有相打得太平：哪有互相争斗能得太平日子的？

【感悟】

不动气，事事好。一旦生气动怒，人的神智便不会清楚，处理问题也会偏激，做起事来也会神不守舍，自然也就不会有什么好的结果了。人们常说，和气生财，平易近人，只要一个和平气象，就可以把任何事情办好。做到珍惜自己的身体，就要修身，不要暴躁，要有颗淡定和气的心，这样，遇到所谓的"不公平、不合理"之事，我们就不会以武力解决了。

【延伸阅读】

以宽阔的胸襟容纳各种智慧，不为一点鸡毛蒜皮的小事情而与人斤斤计较，不为一时心里面的不痛快而与人针锋相对挖苦讽刺甚至绵里藏针，就会感化他人。柔以避祸，忍以挡灾，吃亏便是受益；遇事低头就没有过不去的桥，做个表面的弱者又有何妨？外表随和并不影响内心对事物的坚定与坚持。

气愤是短暂的疯狂，愤怒是吹灭理智之灯的一阵风。人在情绪激愤时，往往会做出蠢事出格的事。你本来占理的事，会因为你在愤怒中采取了过激行为而变得无理，或者小错误变为大错误，带来严重的后果。明人吕坤说："不动气，事事好。"清人石成金说："怒是火，气是柴，发怒时再动气，只能是火上加柴，难以熄灭。"争夺像冰，谦让像日，用谦让代替争夺，就像冰遇上太阳融化掉。愤怒的情绪是可以通过自我控制消除的，关键在于遇事要大度，要有积极的生活态度。不要对事物期望值太高，要知道知足常乐。

【原文】

长存君子道①，日久见人心②。

【译注】

①长存君子道：长期保持高尚的情操。

②日久见人心：时间久了，人们就会有客观正确的评价。

辑自徽州楹联。

【感悟】

企业家总是感叹看人难。看准人的确很难。人，形形色色，千差万别，在错综复杂的事物背后，人的本质似乎高深莫测，看来看去都是雾里看花，捉摸不定。有一句话叫"路遥知马力，日久见人心"。意思是说一个人的本质怎样，是很难掩藏很长时间的，时间长了，自然就把人看出来了。其实，"日久见人心"的精要之处不在"日久"——不是时间长了，就一定能看出人的本质来，而是因为时间长了，发生的"事件"足够多了，人的特点就更多地暴露出来了。人才评估的秘密武器就是"关键事件"，这个关键事件能够把人的重要特点充分展示出来。人的特点会重复表现。长期考察的好处，就在于对重复出现的特点有更加准确的判断力。"日久"客观上创造了很多让人表现的机会，如果关键事件频繁出现，我们就能够把人看准，能够"见人心"了。"日久见人心"的精要就在于用稳定的重复出现的表现，即人的品质，预测这个人未来的行为。

【延伸阅读】

"今天究竟该如何学做人"

——严于律己，宽以待人。这是做人的基本原则。以责人之心责己，以恕己之心恕人。

——与人为善，切忌骄横。众怒难犯，专欲难成。物极必反，器满则倾。肆无忌惮，焚己伤人。切勿恃强凌弱。倚势凌人，势败人凌我；穷巷追狗，巷穷狗咬人。

　　——谦和为美,多让少争。对人应有敬爱之心。相爱无隙,相敬如宾。荣辱毁誉,处之泰然。小不忍而乱大谋,不闹无原则的纷争。

　　——诚信待人,远离是非。君子重信诺,一字值千金。胸怀坦荡真君子,口蜜腹剑是小人。毋以己长而形人之短,毋因己拙而忌人之能。有言人前说,人后不说,所谓:闲谈莫论人非。

　　——仗义疏财,扶危济贫。钱财如粪土,仁义值千金,烈士让千乘,贪夫争一文。不因贫而舍,不以富为尊。

【原文】

> 人间岁月闲难得①,天下知交老更深②。

【译注】

①人间岁月闲难得:人生在世悠闲是很难得的时光。
②天下知交老更深:"知交",知心朋友。道义之交老而益深。
辑自绩溪龙川楹联。

【感悟】

　　"闲",首先是悠闲,心无所追逐,身无劳苦之役;其次是避俗逃名。要闲就不能为世俗功名利禄所累,而要随分随缘,顺时安处。"闲",也非无所事事之人,而是无拘束地做自己所喜好之事。"闲",可以养性,可以悦心,可以怡生安寿,让人的生命活得更有意义。

【故事链接】

　　明清时期的徽商,作为我国传统儒商的典型,具有较高的文化素质,因而对于自身的休闲生活很注重品位,使他们摆脱了传统商人崇拜"孔方兄"、唯利是图的俗气。交友是儒家所提倡的为人处世方式之一,"有朋自远方来,不亦乐乎"这句话成为徽商交友的座右铭。交友,使徽商不断扩大交际圈,为徽商带来了信息和客源,也体现了徽商作为儒商的处世风范。婺源人董邦直,兄弟五人,起初都学儒业,后由于"食指日繁",乃"奉父命就商"。经商之余,"仍理旧业,出必携书盈箧"。又好交友,"经纪三十余年,……善交游,大江南北名宿时相往还"。"喜歌诗,兼工词,著有《停舸诗集》四卷,《小频伽词集》三集",为时人所称道。在读书交友过程中,徽商更领悟到经商之道。读书利于交友,交友更促进读书,读书交友促使徽商完善经营。读书、交友与经营三者在徽商身上得到了统一。读书交友便成为众多徽商所崇尚的休闲活动之一。

【延伸阅读】

友情如酒,经历的岁月愈久,愈醇厚。

【原文】

人生结交在终始①,莫为升沉中路分②。

【译注】

①人生结交在终始:结交朋友应该有始有终。一辈子的朋友才是真正的朋友。

②莫为升沉中路分:人生在世,结交朋友应善始善终,不要因为地位的变化而中途分手。

【感悟】

真正的友情是一株成长缓慢的植物。友谊需要你细心的呵护、爱心的浇灌、不断的联络(施肥),友谊才会盛开美丽的花,结出丰硕的果实。友谊要经历风吹雨打才会愈加深厚,友谊要经过时间的磨砺才会不怕名利的腐蚀,友谊要经历距离的远近才能更明白其珍贵。

【故事链接】

　　唐代诗人贺兰进明怀才不遇,但笃于友情,平生结交了许多朋友。然而社会的现实十分残酷,许多人把地位、金钱看作结交朋友的基础。一旦官运亨通,巴结者盈门;一旦官去势尽,朋友成为路人。贺兰进明对势利小人深恶痛绝,对世态炎凉认识深刻。他在《行路难》中疾呼:"人生结交在终始,莫为升沉中路分。"

【延伸阅读】

"古人论交往"

　　——少年乐相知,衰暮思故友。
　　——人生交契无老少,论交何必先同调。
　　——人生贵相知,何用金与钱。
　　——君子与君子以同道为朋,小人与小人以同利为朋。
　　——布衣之交不可忘。

七、慧眼观人

【原文】

慧眼观人长处①，正心慎我独时②。

【译注】

①慧眼观人长处："慧眼"，佛教用语，为五眼之一，指上乘的智慧之眼，能够看到过去和未来。此处指敏锐的眼力。要用敏锐眼光看到别人的长处，以取长补短。

②正心慎我独时："正心"，使人心归向于正。语出《礼记·大学》："欲修其身者，先正其心；欲正其心者，先诚其意。"端正自己的心，即便在自己一个人独自前行的时候也要自觉地严于律己，谨慎地对待自己的所思所行。

辑自《陶行知全集》第 7 卷第 1174 页"对联"。

【感悟】

人贵三得：沉得住气，弯得下腰，抬得起头。

人在宇宙中，宛如茫茫大海里的一叶小舟，只有沉得住气，从容驾驭，才能乘风破浪，无往而不胜。沉得住气是睿智的彰显，是理智的沉淀，是成熟的标志。

弯得下腰，就是做人要低调谦卑，海纳百川，能屈能伸。古人韩信胯下弯

腰，成就了大汉四百年基业。司马迁选择弯腰，书写出流传青史的绝唱。弯得下腰是一种姿态，是一种内心的自信。翠竹因弯腰而坚忍不拔，稻穗因弯腰而丰稔厚重。

抬得起头，是说人无论身处逆境还是顺境，都要保持一种乐观进取的心态。少年壮志不言愁，是青春的自信；纵死犹闻侠骨香，是壮士的自信。然

而,抬得起头,不是盛气凌人,也不是傲视一切,而是谦逊待人,平等处事;不是以己之长,比人之短,而是正视自我,见贤思齐;不是因己之拙,忌人之能,而是自知之明,后发赶超。抬得起头,就是要正大为先,诚恳为贵,通达为怀。

【延伸阅读】

"干净的灵魂需要慎独"

"慎独"作为修养方法,强调在没有外在监督的情况下始终不渝地、更加小心地坚持自己的道德信念,自觉按道德要求行事,不会由于无人监督而肆意妄行。做一个坦荡的君子,不需要别人来约束自己。

无论何时,都不要展现自己的丑陋,要随时随地要求自己做一个高尚的人,做一个值得别人和自己尊敬的人。

人活着可以有小坏,但不可以有大坏;可以接受无德,但不能生活在无德之中。"慎独",不是非要把自己修成神仙,不是打造"公众形象",而是自我灵魂干净了才舒服。保持心意上的愉快状态就容不得卑鄙,当一个人觉得灵魂也需要沐浴时候,他也就找到了"慎独"的境界。

"慎独"是悬挂在心头的警钟,是阻止我们陷进深渊的一道屏障,是提升自身修养走向完美的一座殿堂。保持宁静的环境,以免受人事的侵扰和盛名的渲染。凡事必须对得住自己,处世当无愧于心,因为问心无愧可生自信,而自信远胜于宽心。

【原文】

小人亦有坦荡荡处无忌禅是也①,君子亦有长戚戚处终身之忧是也②。

【译注】

①小人亦有坦荡荡处无忌禅是也:"坦荡荡",开阔、容忍;"忌禅",对某些事或物有所顾忌、顾虑,表现为害怕、顾虑畏惧。小人也有坦然的时候,因为小人做事无所顾忌,胆大妄为。

②君子亦有长戚戚处终身之忧是也:"长戚戚",经常忧愁、烦恼的样子。君子也有烦恼忧愁的时候,君子有一辈子的忧虑。《孟子·离娄下》曰"君子有终身之忧,无一朝之患",意为君子有一辈子的忧虑,却没有一时的担心。君子仁义,有让他终生无法忘记的忧心之事,却没有短暂的忧心之事。

【感悟】

大海波涛浅,小人方寸深。行险侥幸,患得患失,才是小人之戚戚。但是世间之事就这么诡异,一些恶霸,或者是大佬,肆无忌惮,气势如虹,却一副舒泰相,而今尤为甚!

败坏风气的往往是"大人物"。小人绝不仅仅是"小人物"的代名词,判断一个人是君子还是小人,只能看他的基本德性。实际上,一些"大人物"的小人习性、小人意识、小人行为,有时一点也不比平民百姓少,甚至更多。专制制度下的居高位者,其升迁和依据并非品德好坏,恰恰相反,他们之所以谋取了高位,多是凭着媚上功夫所得,这就决定了世风的败坏,带头的正是这些"大人物"。

小人很善于保护自己,他们会因人而异地采取一些与其本心相违的方法行事。小人的这种复杂性和欺骗性,人们必须有清醒认识,才可拨云见日,令小人无可遁形。

君子依本分行事,可以自得其乐。实际上,处处尽责任便处处快乐。君子处世以道义而行,决事循理而迎刃而解,坦然舒泰情状矣,此所谓君子之坦荡荡也。君子不忧愁、不畏惧。自己问心无愧,有什么值得忧愁和畏惧的呢?因为君子常常忧戚于道之不行,恐惧于社稷之不保,哀悯于民生之艰虞。人格高尚的人有一辈子的忧虑,没有一时的担心。

【延伸阅读】

"君子有终身之忧"

"君子之忧"是一种精神追求。比如老子说"绝学无忧"、庄子说"彼圣人何其多忧也"。其实,君子的这些忧,是内忧,不妨叫自寻烦恼,如"德之不修,学之不讲,闻义不能徙,不善不能改"。这类内忧,觉之则有,迷之则无,是良心善性之见于感情者,也是为学、修身之结果,是君子之所以为君子的情感所在,是君子自我精神道德完善所产生的忧。

孟子曰:"君子有终身之忧,而无一朝之患,顺道而行,循理而言,喜不加易,怒不加难。君子之过犹日月之蚀也,何害于明?小人可也,犹狗之吠盗,狸之夜见,何益于善？夫智者不妄为,勇者不妄杀。君子比义,农夫比谷。事君不得进其言,则辞其爵。"君子一生所担心的是对社会国家所负的责任有没有做好,因而终身都处于忧虑之中,但不会有一朝一夕对个人遭遇的激愤,所谓"居庙堂之高则忧其民,处江湖之远则忧其君",时时忧其民生,处处忧其社稷。曾子曰："士不可以不弘毅,任重而道远。仁以为己任,不亦重乎？死而后已,不亦远乎？"自古以来,仁人志士的忧民忧国,诸圣诸佛的悲天悯人,虽然是一辈子感受痛苦,但他日日在那里尽责任,便日日在那里得苦中真乐。所以他到底还是乐不是苦！古往今来,大多数人都试图去改造这个世界,却很少有人想改造自己。可问题的关键是,如果我们每个人都能改造好自己,那么这个世界也就会变得永远春光明媚。

【原文】

见人有过若己之失①,于理既得即心所安②。

【译注】

①见人有过若己之失：看到别人的失误要如自己犯了错误一样的引起警觉,引以为戒。

②于理既得即心所安：做的事情合乎道理,问心无愧,心里才会坦然。

辑自徽州楹联。

【感悟】

"见人有过,反躬自管",用别人的错误提高自己。善于从别人的错误中发现自己的不足,则能进一步思考问题以提高自己的素养,更能证明自己的优秀和能力。纵然你是经历过摔打与失败的人,但并不意味着你就会成功。只有那些善于从摔打中吸取教训、从失败中学会总结的人,才能站立起来,昂首阔步登上成功的阶梯。更有一种睿智的人,他们不但善于总结自己人生路上的一切过往,而且还善于从别人的成功或失败中吸取养料使自己得以免疫,更快更好地发展自我。

真诚地对待生活、生命和身边的

人,我们才能活得心安理得。帮助他人,升华自己!

【延伸阅读】

"反躬自省,完善自我"

孔子教导弟子说:"君子求诸己,小人求诸人。"即君子事事严格要求自己,小人事事严格要求别人。人往往看不到自己的短处,很多缺点都是通过旁人的指出才得以知道。这就要求我们有一颗平常心来对待别人善意的规劝和指责,反省自己的过失。俗话说"忠言逆耳利于行",那些逆耳忠言常常能照亮我们不易察觉的另一面。随时了解、认识自己的思想、情绪与态度,从而弥补短处,纠正过失,不断完善自我,这是积极的人生态度。一个人如果不懂自省,他就看不见自己的问题,更不会有自救的愿望。做人,与其低着头埋怨错误,不如昂起头纠正错误。自省是一种智慧,是一种力量,可以改变一个人的命运和机缘,使人达到更高的境界。自省是认识自己、改正错误、提高自己的有效途径,使人格不断趋于完善,让人走向成熟。只有善于发现并且敢于承认自己的过失,才可以进一步纠正过失。

【原文】

世事如棋让一着不会亏我①,心田似海纳百川方见容人②。

【译注】

①世事如棋让一着不会亏我:世上的事就像下棋,让一步并不意味着我吃亏和有所损失。无论任何人处理人世间的任何事情,都如下棋一样,让他一着是不会亏自己的。

②心田似海纳百川方见容人:心胸如大海一样宽广,能接纳百条河流,才能容纳别人。心胸要像大海一样宽广,要能容得下来自四面八方的百川河流,这样才能与他人和睦相处。

辑自徽州楹联。

【感悟】

容人是一种美德，是一种修养，你能容人，别人才能容你。不要斤斤计较、不让分毫。这样才能成其大业。

人世间的事情就如同下棋一样变幻莫测，退一步未必就会吃亏，心胸宽阔似海，纳百川方见容人。容纳别人才会容纳自己，多一点宽容，也就达到无我的境界。

【延伸阅读】

如何容人

——容人之长。人各有所长，取人之长补己之短，才能互相促进，事业才能发展。善于用人之长，首先是能容人之长。嫉妒别人的长处，生怕同事和部属超过自己而想方设法压抑的做法，是很愚蠢的。

——容人之短。人无完人，金无足赤。人的短处是客观存在的，容不得别人的短处势必难以共事。

——容人之功。别人有功劳，本应该感到高兴。但有的人心胸狭窄，生怕别人功劳大会对自己构成威胁。容人之功，心胸才能开阔。

——容人之过。"人非圣贤，孰能无过。"历史上凡是有作为的伟人，多数都能容人之过。

——容人之个性。容人从根本上来说，就是要能够接纳各种不同性格、具有不同个性的人，这样才会吸纳方方面面的人才。如果只喜欢与自己性格相近的人，其手下的人才必然极少。

——容己之仇。这是容人的极致，是一种高尚的品德。齐桓公不计管仲一箭之仇、祁黄羊"外举不避仇"等，向来为人们所津津乐道。

【原文】

世事静观知曲折①，人心甘苦见交情②。

【译注】

①世事静观知曲折：静静地观看着世事的发展变化，就会找到事情变化演变

的走向,一切都可以明明白白。

②人心甘苦见交情:"甘苦",美好的处境和艰苦的处境;"交情",相互交往而产生的情谊。在顺境和逆境不同环境下可以体会出人心的真善与险恶。《史记·汲郑列传》:"一死一生,乃知交情。一贫一富,乃知交态。一贵一贱,交情乃见。"

辑自徽州楹联。

【感悟】

静观世事云谲波诡,笑看人生风起云涌。能够坦然面对平凡,那就是一种境界。在平凡中踏踏实实做好每件平凡的事那就是一种不平凡,就是一种智慧。

【故事链接】

交情有多少种?

1. 知音之交——伯牙子期
2. 刎颈之交——廉颇相如
3. 胶膝之交——陈重雷义
4. 鸡黍之交——元伯巨卿
5. 舍命之交——角哀伯桃
6. 生死之交——刘备、张飞和关羽
7. 管鲍之交——管仲和鲍叔牙
8. 忘年之交——孔融和祢衡(范云和何逊)
9. 泛泛之交——普通的交情,未达到知心的朋友
10. 金石之交——比喻坚定的友谊。金石,以其材质之坚硬,来形容坚定不变的事物。
11. 金兰之交——比喻朋友之间互相投合,后来指结拜兄弟。金,比喻其坚;兰,比喻其香。
12. 点头之交——见面时只点头打招呼,比喻很淡的交情
13. 患难之交——比喻有福同享、有难同当的朋友
14. 贫贱之交——指贫苦微贱时所结交的朋友
15. 一面之交——只见过一次面,形容彼此无深厚交情,同"一面之雅""一面之缘""一日之雅"。

16.八拜之交——结拜的异姓兄弟,近"金兰之交"

17.布衣之交——贫贱时所交的朋友,与"布衣之友"、"患难之交"、"贫贱之交"同。布衣,平民的服装,借指平民。

18.竹林之交——本指魏晋竹林七贤游集于竹林之下,比喻亲密的友谊

19.再世之交——指两代以上的交情

20.忘年之交——两个人因学识志趣相投,不论年纪长幼,而结为好朋友

21.杵臼之交——比喻结交朋友不以贵贱而有分别,近"车笠之交"

22.苔岑(tái cén)之契——指志同道合的朋友。

23.莫逆之交——指知心的好朋友,近"管鲍之交"、"刎颈之交"。逆,违背;莫逆,同心相契

24.道义之交——指以学问或品行互相勉励的朋友。

25.势力之交——以金钱、权势、地位或其他利益结交的朋友

26.总角之好——幼年相契的好朋友,近"青梅竹马"。总角,原指古代未成年的人把头发扎成髻形,如两角,后借指幼年。

27.市道之交——指唯利是图,为利害关系而结交的朋友

28.乌集之交——一时为了同一利益而结交为朋友。

【延伸阅读】

"人生之最"

人生最悲哀的:并不是昨天失去太多,而是沉浸于昨天的悲哀之中。

人生最愚蠢的:并不是没有发现眼前的陷阱,而是第二次又摔了进去。

人生最寂寞的;并不是想等的人还没有来,而是这个人已从心里走了出去。

人生最卑鄙的:并不是点燃了一根导火索,而是希望看到爆炸后的效果。

人生最肮脏的:并不是出卖了自己的肉体,而是出卖了自己的灵魂。

人生最幸福的:并不是终于得到了一束花,而是永远被花包围着。

人生最快乐的:并不是别人给你带来快乐,而是你给别人带来快乐。

人生最富有的:并不是拥有一座金山,而是拥有一座金山买不到的东西。

人生最高尚的:并不是别人还记得你的好,而是自己忘记了给别人的好处。

人生最痛苦的:并不是没有得到所爱的人,而是所爱的人一生没有得到幸福。

【原文】

静坐常思己过①，闲谈莫论人非②。

【译注】

①静坐当思己过："静坐"，安静地坐着；"思"，反思，反省；"过"，错误，过失。安静下来的时候要经常反思自己的不足。《论语·卫灵公》："躬自厚而薄责于人，则远怨矣。"是说多反省自己而少责备别人，怨恨就不会来了。

②闲谈莫论人非："闲谈"，闲聊；"莫"，不；"非"，是非，过失。闲聊的时候不要谈论他人的是非得失。《文子·上义》："自古及今，未有能全其行者也，故君子不责备于人。"是说人无完人，故有德行的人不责备于人。

前句严于律己，后句宽以待人，是宽与严的统一，这是儒家倡导的处理人际关系和道德修养的重要方法。

辑自徽州楹联。

【感悟】

——看别人不顺眼，是自己修养　　不能算是好人。
不够。
　　　　　　　　　　　　　　　　——口说好话，心想好意，身行
——脾气和嘴巴不好，心地再好也　　好事。

【延伸阅读】

不是不谈论无关自己之事，而是用什么样的心态去谈，用什么样的态度去谈。本着心底无私、公正的角度，不搀杂个人的思想认知就不会有什么问题。为什么大家都厌恶张家婆、李家媳三俩人聚首指点邻里是非？因为大家的本质里都不喜欢搬弄是非的人，讨厌散布谣言的人。

现实中的每个人都有自己的长处和不足，对自己要"常思己过"，对他人"莫论人非"。任何人都有自己的人际圈，人们生活在圈中，一个人发现自己的长处不难，难得的是发现别人的长处，更难的是接受别人的长处时允许别人有缺点、不足和不同的意见，学会欣赏他人、赞美他人、宽容他人、尊重差异、加强沟通，这样才能获得更多的友谊和快乐，减少烦恼。在现实生活中，当面不贬损他人，背后不诋毁他人，是坦荡荡的君子；背后狂言诈语，把别人的错误当作进攻的利器，

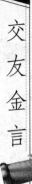

是常戚戚的小人。

　　笑一笑,昨天已经是过去。别把自己留在记忆里生活,走过的路不可能回头,只能想着怎么去吸取经验,每一个脚印都是一个故事,怎么抒写这个故事,那主人公就是你自己,谁也帮不了。多一分体谅,少一分指责,从自己做起。

【原文】

得意客来情不仄①,知心人至话偏长②。

【译注】

　　①得意客来情不仄:"得意",称心,满意,合意;"仄"(zè),心里不安,厌倦。合自己心意的朋友来了,一点不会产生厌倦。

　　②知心人至话偏长:明白自己内心的朋友到了,说的话总是那么投机。

　　辑自徽州楹联。

【感悟】

　　人生得一知己足矣!

　　古人云:恩德相结者,谓之知己;腹之相照者,谓之知心;声气相求者,谓之知音。人生活在这个世界上,不可能是一个人行走在红尘。从我们生下来那天开始,亲人就注定了要一生地牵挂与相随。随着年龄的增长,我们又会接触很多的人或是事物。于是朋友就走进了我们的生命。朋友也会有很多种,古话不是说吗?亲戚有远近,朋友有厚薄。于是朋友这个词就包括了很多的涵义,朋友、好朋友、知心朋友。就像这

三个层次,先是最普通的朋友,慢慢变成了好朋友,再后来变成了知心的朋友。而在最后就成了知己!知己一定是知心的朋友,知心的朋友未必会是你的知己。人生得一知己足矣!这句话足见对这种友谊的高度评价。知己已不是一个层次,而是一种友谊的境界了。他可以是同性,也可以是异性。知心与知己的区别在于,前者,可以说心里话,可以帮你,可以随时听你诉说,安慰你,却没有心灵的默契。后者截然不同,你们会有很多相似的地方,你们会

喜欢同一种东西,甚至会在同一时间同时说一句话。会有很多相同的爱好、很多的志同道合,懂你的心,解你的意。你一句话,他(她)就知道,你好或是不好,会在语气里第一时间判断出他(她)是不是有什么事,或是不舒服。这些都是只有知己才能做到的。有时在乎她(他),甚至超出在乎自己。

【延伸阅读】

"8 种朋友"

　　一生中,如果遇到了下面 8 种朋友就是你的无价之宝。随着生活节奏的加快,社会的浮躁和功利,人与人之间有着太多分不清的是非真伪,以至于我们对"朋友"的称谓产生了畏惧。那么,真正的朋友究竟是什么样的?人的一生到底需要什么样的朋友呢?美国作家帕尔指出:"不要指望一位密友带给你所需要的一切。"另一位作家汤姆·拉思则认为,以下 8 种朋友是必不可少的。

　　①成就你的朋友。他们会不断激励你,让你看到自己的优点。这类朋友也可称之为导师型。他们不一定是你的师长,但他们一定会在某些领域具有丰富的经验,能经常在事业、家庭、人际交往等各方面给你提供许多建议。人生中拥有这种朋友会成为你最大的心理支柱。

　　②支持你的朋友。一直维护你,并在别人面前称赞你。这类朋友可谓"你帮我,我帮你",相互打气,使得彼此成为对方成长的垫脚石。在一个人的成长过程中,朋友的支持与鼓励是最珍贵的。当你遇到挫折时,这类朋友往往可以帮你分担一部分的心理压力,他们的信任也恰恰是你的"强心剂"。

　　③志同道合的朋友。与你兴趣相近,也是你最有可能与之相处的人。与他们在一起,会让你有心灵感应,俗称"默契"。你会因为想的事、说的话都与他们相近,经常有被触摸心灵的感觉。和他们交往会帮助你不断地进行自我认同,你的兴趣、人生目标或是喜好,都可以与他们分享。这种稳固的感受"共享"会让你获得心理上的安全感,因为有他们,你更容易实现理想,并可以快乐地成长。

　　④牵线搭桥的朋友。认识你之后,很快把你介绍给志同道合者认识。这类朋友是"帮助型"的朋友。在你得意的时候,他们的身影可能并不多见;在你失意的时候,他们却会及时地出现在你面前。他们始终愿意给予你最现实的支持,让你看到希望和机会,帮助你不断地得到积极的心理暗示。

　　⑤给你打气的朋友。这是好玩、能让你放松的朋友。有些朋友,当我们有了心事、有了苦恼时,第一个想要倾诉的对象就是他们。这样的朋友会是很好的倾听者,让你放松。在他们面前,你没有任何心理压力,他们总能让你发泄出自己的"郁闷",让你重获平衡的心态。

　　⑥开阔眼界的朋友。能让你接触新观点、新机会。这类朋友对于人生也必

不可少。他们可谓你的"大百科全书"。这类朋友知识广、视野宽、人际脉络多，会帮助你获得许多不同的心理感受，使你成为站得高、看得远的人。

⑦给你引路的朋友。善于帮你理清思路，你需要指导和建议时可以去找他们。这类朋友是"指路灯"。每个人都有困难和需要，一旦靠自己力量难以化解时，这类朋友总能最及时、最认真地考虑你的问题，给你最适当的建议。在你面对选择而焦虑、困惑时，不妨找他们聊一聊，或许他们能帮助你更好地理顺情绪，了解自己，明确方向。

⑧陪伴你的朋友。有了消息，不论是好是坏，总是第一个告诉他们。他们一直和你在一起。这种朋友的心胸像大海、高山一样宽广，不管何时找到他们，他们都会热情相待，并且始终如一地支持你。他们是能让你感到满足和平静的朋友。有时并不需要他们太多的语言，他们只是默默地陪着你，就能抚平你的心情。

【原文】

做数件可流传之事消磨岁月①，交几个有学识良友论说古今②。

【译注】

①做数件可流传之事消磨岁月："可传之事"，对自己有益的事情；"消磨岁月"，度过闲暇时间。随着时间的推移，人生要做一些有价值的事情。做几件可以流传千古的事情来消磨时光，人生才有意义。

②交几个有学识良友论说古今："有识之人"，有见识的人；"论说古今"，谈古论今。从古到今无所不谈，无不评论。结交一些有见识的朋友，畅谈古往今来的人和事。交几个学识的好朋友谈论古今趣事，知识才能不断提高，才能不断激励自己。

辑自徽州楹联。

【感悟】

良师或能以学识服人，或能以性情动人，或能以品德教人，或以爱心化人。良师既睥睨千古，又谦逊好学；既卓尔不群，又平易近人；既求异创新，又不哗众取宠。良师益友对一个人的帮助在于，与良师益友交往，他们会用他们的经验给你以启示，给你一个积极向上的力量作为指引，让人生走上更加光明的路途。面对在你面前的无数条人生岔路，有了良师益友的指引，你也可以做出正确的选择。

【延伸阅读】

"如何结交良师益友"

——以能者为良师，保持空杯的谦虚心态。向强于自己的人学习不难，难的是向那些地位、财富等各方面不如自己的人学习。古人云："三人行，必有我师焉。"以能者为师，就是要学习他人身上的闪光之处。只要他人有值得学习的地方，不管是耄耋老者还是黄口小儿，也不分巾帼或是须眉，都能成为你的老师。为孔子指点迷津的顽童，磨杵警策李白的老妪，都是名副其实的良师。所谓"无长无少，无贵无贱，道之所存，师之所存也"。在向他人学习的过程中，只有先把自己的观念清空，保持空杯的谦虚心态，才能更好地学习和进步。

——以生活为良师，从平凡的事物中感悟。以生活为良师，实际上就是从周围熟悉的人和事中学习。父母永远是每一个人的第一个偶像和第一任良师。"子不教，父之过"，父母对子女的影响是潜移默化地进行着的，有什么样的父母，也就会教育出什么样的子女。除了向父母学习做人的道理，更要向生活学习这个世界的法则。生活是一本丰富多彩的书，每一页都写满了无穷的知识与道理。只要你善于去发掘，去领悟，总可以学会如何做人，学到各种各样的东西。生活之所以能为良师，是因为它每天都像影子一样跟随着你，无时无刻不在你的身边，无时无刻不在教着你，只是你没有发觉到它罢了。只要保持一颗感悟的心，就能从周围的人和事中吸取力量。

——慎重选择自己的朋友。在 2600 年前，释迦牟尼就告诫过他的信徒们：莫与愚人为友，莫与恶人为友。要与比自己优秀者为友，要与走真理之路者为友。若不能交良友，不如像犀角那样独来独往。宁可独来独往而不随便交友。这就告诉我们，和什么样的人交朋友确是需要慎重选择的。与什么人交朋友，对一个人的人生观乃至未来起决定性影响作用。选择好的朋友，他们会如同人生路途中的灯塔一样，帮你找到正确的方向；交了品性不良的朋友，不仅不能对你有所帮助，还很容易让你误入歧途。"近朱者赤，近墨者黑"，说的就是这个道理。

不以自己的好恶亲疏结交朋友。孔子说,有益的朋友有三种,有害的朋友也有三种。正直的朋友可以指出自己的缺点,诚实的朋友不会暗害自己,多闻的朋友可以使自己增长见识,这三种谓益友;而心胸狭窄、缺乏主见、喜欢阿谀奉承的朋友则需敬而远之。不以自己的好恶亲疏结交朋友,说起来容易,做起来难。即使说过"以人为镜,可以明得失"的唐太宗,也曾经为诤言不讳的魏征激怒,说出"总有一天我会杀了这个乡巴佬"这样的话。只有保持冷静的头脑,正确对待周围人的赞誉和批评,才能让朋友成为你的选择的助力。

【原文】

失意时得罪人可在得意时弥补①,得意时得罪人难在失意时补偿②。

【译注】

①失意时得罪人可在得意时弥补:人在失意的时候得罪了人,可以在得意的时候弥补。

②得意时得罪人难在失意时补偿:在得意的时候得罪了人,却无法在失意的时候弥补。

【感悟】

处得意日,莫忘失意时。得意时需沉得住傲气,失意时则要忍得住火气。人在得意时要学会善待他人,因为当你失意的时候可能会需要他们。

得意时坦然,失意时淡然。人的一生就像没有坐标的圆,无论你是得意还是失意,请不要忘记给自己加紧箍咒,唯独诚惶诚恐才可以继续直立于不败之地。

不可以在风光的时候把自己看得过于伟大,在落寞的时候把自己贬得一钱不值。生命的价值与意义,完全不以成败来论英雄,而是以英雄的气魄与胆量来衡量一个人的毅力,同时,又在潜移默化中历练着这个人的果敢与平淡。

【延伸阅读】

"得意与失意"

人生的成败舞台,与其说是个站台,不如说是个看台。当我们在看别人精彩与没落的同时,来看生命中的自己,总有些领悟在心间荡漾,也许我们做不到淡泊,但我们不得不让自己内心宁静。

世界上没有长久的失意者,也不会有永远的得意者。超越得意有时比超越失意更难。因此有人说,一个人最大的成功不是战胜别人,而是战胜自己。人生有得意的时候也有失意的时候。一个人从呱呱坠地时起,便生活在得意与失意之间。得意也好,失意也罢,都不过是人们对于客观事物的主观感受,是人们对于自己所处的环境和地位的心理状态。得意者前呼后拥,面对的是鲜花和掌声;失意者门可罗雀,面对的是苍凉和寂寞。因此得意者往往喜气洋洋、满面春风,失意者大多情绪低沉、垂头丧气;得意者往往抛头露面、到处张扬,失意者大多闭关自守、逃避社交;得意者往往目空一切、趾高气扬,失意者大多自遣自责、自惭形秽。失意之时最可鉴别人的意志,意志弱者,失意失志,一蹶不振;意志强者,失意不失志,在逆境中锻炼自己,蓄势待发。得意之时最能鉴别人的定力,定力低者,恃才而骄,居功而傲,得意忘形;定力高者,恃才不骄,居功不傲,甚至功成身退。人生最危险、最可怕的时候往往不是失意之时,而是得意之时。因为失意击倒的不过是一些庸人,而被得意击倒的往往是英雄。

【原文】

且静坐抚良心今日所为何事①,莫乱行从正道前途自遇好人②。

【译注】

①且静坐抚良心今日所为何事:"且",姑且,暂且、先;"静坐",排除杂念,闭

目安坐。姑且每天都能静下心来,扪心自问,自己做了什么有益的事情。

②莫乱行从正道前途自遇好人:不要不经选择就上路,走对自己有益的路,自然在前行路上就会有好人相助。方向是最重要的,做正确的事即是确立正确的方向,那样会一切事半功倍。

辑自徽州楹联。

【感悟】

古人说,君子一日三省其身。现代社会的工作压力让我们不可能一日三省,甚至不可能一日一省,那么就让我们时时自省吧!时时自省应是我们每一个人都应该具有的品格。无论我们所采取的具体形式是什么,都不重要,重要的是,无论我们有多么的忙碌,都不要忘记了时时自省,总结自己的得失。

幽独之时心静如水,方能体味与世无争的好处。在历练了慎独之后,面对再大的困难也能从容面对,能够找到自己人生的方向。只有我们自己充分安静下来了,才有可能面对一个最完整的自己,认清自己、剖析自己、审查自己的真正意向、真实欲望。用心看看自己,收拾心情,归纳得失,方能走向成熟,走向坚强,走向成功。

【延伸阅读】

"请走正道"

正路必定是天堂之路,邪道必定是地狱之路。在人生的旅途上,每个人都有自己的路要走。人生的路,有有形的,有无形的。各种职业都是我们的道路;各种信仰、技能、知识、兴趣,也是我们的道路;天堂地狱、饿鬼畜牲,更是我们未来的道路。有的人,不断地辛勤奋发,为了走他人生平坦的道路;有的人投机取巧,于是走上人生的不归路;更有人,心术不正,无品无德,终于走上暗无天日的漫漫长路。

【原文】

惜食惜衣非为惜财缘惜福①，求名求利但须求己莫求人②。

【译注】

①惜食惜衣非为惜财缘惜福："惜"，珍视，爱惜；"缘"，因为；"福"，福气。惜食惜衣不单是为了惜钱财，更重要的缘由是为了惜福。纵有福气，也要加以爱惜，不可浪费。

②求名求利但须求己莫求人：追求名利应该清楚必须自己去努力，而不是去求人。

辑自黟县宏村承志堂楹联。

【感悟】

人的需要，不仅包括物质需要，即"利"的满足；也包括精神需要，即对道德名声的追求。依靠自己的艰苦努力和正当途径，以义求利，以德求名，是无可厚非的，如能"计天下利，求万世名"则是值得称道的。依靠别人不如依靠自己，求助别人不如依靠自身。人生在世，一切事情都要靠自己努力去做，只要坚持不懈，一步一步地走，也能走出一片广阔的天地。

【故事链接】

徽商创业精神表现在徽商的拼搏、勤俭、谦让、诚信等几个方面。徽州有句古今广为流传的民谣："前世不修，生在徽州，十三四岁，往外一丢。"许多著名的徽商从小就背井离乡，出外学艺，奋力拼搏。徽州文化重勤俭，重自强自立，提倡"惜衣，惜食，惜财兼惜福""求名，求利，求己胜求人"。

【延伸阅读】

"求人先求己"

"求人不如求己"的说法有其积极意义，也有失之偏颇之处。"求人先求己"才是积极可取的。但"求己"是关键，是核心力量，"先求"是条件，"求人"是为了协助自己，亦是必不可少的支持力量。一个人的力量是有限的，常有力不所及的地方。成就一番事业,仅依靠自我的基础,做单打独斗也是很难获得成功的。没人能撑起一片天,独木成不了林,学会寻找帮助,利用各种各样的支持力量,是个聪明的做法。高明者既依靠自己,潜心修炼,以便能登堂入室;又依靠他人,厚德载物,聚众人之力,谋得大的发展。这就是我们提倡的求人。如果一个人,不承认自我、发展自我、做自己的救世主,我不知道他还能做什么。连自己都没信心的人,别人能帮得了多少呢? 再说,如果否认自我,一味地寄希望于他人,就永远无法在竞争中占据主动,只能受制于人。所以说我们应该用自己的力量与智慧自强不息,脚踏实地、勤勤恳恳去经营、去奋斗,努力挖掘出自己最大的潜力,不断地追求与创造以实现事业的成功和理想的达成。正是在这个意义上,求人不如求己,要树立信心,坚定信念,变被动为主动。寄希望于自我才是最可靠、最有利的成功法则。

八、择善而从

【原文】

于乡里中得友善士①，遇事方可便宜②。

【译注】

①于乡里中得友善士："善士"，有德之人。与本地的有德之人交朋友。

②遇事方可便宜："便宜"，斟酌事宜，不拘陈规，自行决断处理。遇到事情时由于有有德之人的指点而知道如何决断处理。

辑自徽州楹联。

【感悟】

未雨绸缪，心存明镜，才能在万变世事中处变不惊、当机立断。无事如有事，这就是教导我们平日办事时就应当如临大事，不可秩序混乱，更加不能杂乱无章，否则又如何在面临大事时能够成功？只有平时自处从容，勤于修养，保持内心的平和、谨慎与勤勉，遇事时方可不乱，在最快时间内做出最正确的决断。勤奋修身巩固内心是因，遇事不乱才会是果。闲暇时多多思考，做些有意义的事情，向有道之人学习、帮助他人，让自己的心在平日就丰盈起来，这样才能渐渐走向心存明镜的境界。

【故事链接】

徽商有着强烈的乡土观念和桑梓之情，平时靠宗族乡里在外和衷共济，一旦富贵发达便输入故里，置义田义庄，救济本族和乡邻。他们还热衷于筑路、架桥、修建书院等，为家乡建设尽一份力。有个徽商叫汪拱乾，经商30余年，苦熬苦累终成巨富。宗族乡邻向他借钱他是有求必应,唯立下字据必须带息。久而久之本息照收不误,家财是越积越多。望着愁眉苦脸的借贷人,连儿子们也看不过眼,私下议论:老爸嗜钱如命,聚而不散,不知我们家能否有个好下场。不料汪拱乾听了大悦,你们真是我的好儿子,老爸已老,活不了几年,你们能这样想真是家门大幸!父子遂"当众焚券",几千张借据当众人面一把火烧掉,引得一片赞颂。

【延伸阅读】

"友天下之善士"

孟子谓万章曰:"一乡之善士斯友一乡之善士,一国之善士斯友一国之善士,天下之善士斯友天下之善士。以友天下之善士为未足,又尚论古之人。颂其诗,读其书,不知其人,可乎?是以论其世也,是尚友也。"(《万章》下)

孟子认为:一个地方的优秀人物便和那一地方的优秀人物交朋友,全国性的优秀人物便和全国性的优秀人物交朋友,天下的优秀人物便和天下的优秀人物交朋友。和天下的优秀人物交朋友还认为不够,便又追论古代的人物。吟咏他们的诗歌,研究他们的著作,不了解他的为人,可以吗?所以要讨论他那个时代,这就要追溯历史,与古人交朋友。

【原文】

择友以求益①,改过以全身②。

【译注】

①择友以求益:慎重选择交友对象以获得对自己有益的帮助。

②改过以全身:改正自己过失,弥补自己的不足,保全自身以远离祸害。

【感悟】

人生在世,能够多得几个朋友,那 是十分幸福快乐的事情。莎士比亚曾说过："有很多的朋友，胜于有很多的财富。"能交上一个好朋友，那是很幸运的事情；如果能交上一群关心你、尊敬你的朋友，那么，你的一生就是十分充实的一生。

【延伸阅读】

"良友胜于财富"

要获得好的朋友，必须严格把握择友的标准。孔子主张同正直、诚实、有学问的人交朋友，而那些善逢迎、两面派、华而不实的人则不能与其为友。明代学者苏浚把朋友分为"畏友、密友、昵友、贼友"四类，并告知大家"畏友、密友"可以知心、交心，互相帮助并患难与共，是交朋友选的对象。"近朱者赤，近墨者黑"，要坚持与品学兼优的人交朋友，可以时时受到真、善、美的熏陶和感染，使自己的思想、品德变得更加高尚，学识上不断进步，何乐而不为呢？

要获得好的朋友，必须坚持"以心换心"。要善于向他人表露自己的真实心迹。只有把真实的情感透露给对方，把自己的喜怒哀乐告诉别人，才能达到感情上的互相交流和同情。再具体点说，就是要敞开心扉给人看。真心相见，待人以诚，是举世公认的美德。一部《论语》，有二十八处讲到"信"，其中二十四处含有守信、真诚的意思。诸葛亮订的交际信条之一便是"开诚心，布公道"。诚实的人，言行一致，心口如一，待人赤诚，绝不会以谗言坑害别人，也不会弄虚作假以粉饰自己。和这样的人在一起，会感到友谊的温暖和力量。

要获得好的朋友，切莫"势利眼"。"势利眼"交友的出发点，可以用两个字来概括，即谋私。他们眼睛总是向上，总想攀高枝、抱粗腿，转弯抹角地同名流拉关系，千方百计地同名流攀亲戚，想的是把人家的名望也分给自己一点，借人家的地位和权力为自己助一臂之力。殊不知，热衷于"借光"，即使有道，也有效，可终究还是可鄙可悲的。这不仅丧失了人格，也永远得不到真正的友情。明末学者李贽说得好："以利交易者，利尽则疏；以势交通者，势去则反。"古人主张对朋友必须"言必信，行必果"，提出如果"利"和"义"发生冲突时，应该"舍利取义"。这些耐人寻味、令人受到启迪的忠告，我们必须时刻牢记，并且要运用到交友中去。

【原文】

一勤交十懒不懒也要懒①，一懒交十勤不勤也要勤②。

【译注】

①一勤交十懒不懒也要懒：一个勤劳的人处在十个懒惰的人的环境里，也会变懒。勤快人与懒惰人交友，不懒也会变懒。

②一懒交十勤不勤也要勤：一个懒人在十个勤劳的人的熏陶下，也会变勤劳。懒惰人与勤快人交友，不勤也会变勤。

辑自徽州楹联。

【感悟】

要做好人，需寻好友。物以类聚，人以群分。看一个人先看他的朋友，朋友的品质便是他人格的折射。朋友影响着一个人的生活态度，而生活的态度则决定着一个人的性格。性格决定命运。一个人是谁并不重要，重要的是他和谁在一起。鸟随鸾凤飞腾远，人伴贤良品行高。小鹰与鸡同生活，大时岂知己会飞。

【延伸阅读】

人的后天成长依赖于环境的影响，人是不可能脱离社会这个大环境而独立生存的。近朱者赤，近墨者黑。孟母择邻而居，三迁其所。古语又说：蓬生麻中，不扶而直。无不说明环境育人的重要作用。英国人说："与优秀的人交往，就会从中吸取营养，使自己得到长足的发展；相反，如果与恶人为伴，那么自己必定遭殃。"法国作家拉伯雷也说过类似的话，他说："与品格高尚的人生活在一起，你会感受自己也在其中受到了升华，自己的心灵也被他们照亮。"西班牙有一句谚语，虽然简短，却深刻、形象地说明了环境的重要性："和豺狼生活在一起，你也能学会嗥叫。"

【原文】

损友敬而远①，益友近而亲②。

【译注】

①损友敬而远："损友"，对自己有害的朋友，对自己有害之人要敬而远之。

②益友近而亲："益友"，有益的朋友，对自己的思想、工作、学习有帮助的朋友。对于品质好的人，应多与之亲近，交流，学习。

辑自徽州楹联。

【感悟】

《论语·季氏》有云："益者三友，损者三友。友直、友谅、友多闻，益矣；友便辟、友善柔、友便佞，损矣。"就是说，有益和有害的朋友都有三种，我们要有选择地去对待他们，对于正直、诚信、知识广博的朋友，我们要善于与其结识，从中取经问道。而那些谄媚逢迎、表面奉承而背后诽谤人的人，对我们在人生路上健康成长是不利的。

生活之中总会遇到一些不同类型的朋友，这些人之中，有些人会对你的人生产生积极影响，我们称之为益友，是生活的青睐和命运的垂青，我们应该

庆幸有他们的存在。益友使我们的生命充满温暖而富有意义。益友，他就像冬天的暖阳，当你成功之时，他为你祝福喝彩；当你迷茫之时，他给你支持帮助。益友，他会保持一种很平淡的联系，他不一定能为你锦上添花，但一定能为你雪中送炭；益友不是庸俗地给予你财富，而是可以给你思想的启迪；益友不一定能陪伴你终身生活，但一定是你前行路途上划破夜空的航灯。他们或近或远，或浓或淡，与之交往，是轻松快乐而又能有收获的。

【延伸阅读】

"善交益友、乐交诤友、不交损友"

——善交益友。益友是能够帮助自己上进的朋友。应该同那些能够帮助我们进步，能够在某些方面给自己以良好影响的人交朋友。在生活中，人人都希望自己能够结交益友，让友谊的力量来为自己的进步助一臂之力。每个人也应该

同时完善自我,争取成为他人心目中的益友。

——乐交诤友。诤友是能够直言不讳地指出自己的错误、批评帮助自己的朋友。真挚的友谊,不仅表现为能与朋友共享欢乐,还表现为能为朋友排解烦恼,能替朋友分担不幸;而且对朋友的缺点和错误能给予坦率的批评与诚恳的劝告。"乐交诤友"需要具备听取逆耳忠言的度量和知错必改的勇气。也正因为朋友间敢于互相批评,友谊才倍显纯洁和珍贵。

——不交损友。损友是对自己的道德品行产生不良影响的朋友。与损友相交,那种友谊必是低品质的、有害的,因此,在生活中一定不能交损友。

——损友之画像:

损友之一:不孝敬父母,不抚养妻儿者。

损友之二:见利忘义,损人利己者。

损友之三:诋毁别人声誉,讲他人是非者。

损友之四:不辨是非曲直,人云亦云者。

损友之五:嗜好烟、酒、赌、嫖者。

损友之六:满口仁义道德,贩毒卖假货者。

损友之七:嫖赌时是豪客,账灾时沽名钓誉者。

损友之八:耻笑贫丑残者,阿谀奉承富贵者。

损友之九:损坏公物,盗窃公物者。

损友之十:出卖国家、公共利益者。

【原文】

须交有道之人①,莫结无义之友②。

【译注】

①须交有道之人:要和有德行的人交朋友。

②莫结无义之友:不可以结交不忠不义之人。

辑自徽州楹联。

【感悟】

择善人而交,择善书而读,择善言而听,择善行而从。结交好人,品读好书,听取善言,效仿善行。这样,我们的人生就会明媚而丰盈。

【延伸阅读】

看看身边的人,想想身边的事,决定我们成功的因素有很多,但朋友绝对是很重要的一环。好的人脉、好的朋友是成功的关键点。你的能力可能比人强,你的口才可能比人好,你的模样可能比人帅,但没有好的人脉,你就只能看着原本属于你的机会给了别人。如果你想展翅高飞,那么请你多和雄鹰为伍,并成为其中的一员;如果你仅仅和小鸡成天混在一起,那么你就不大可能高飞。

【原文】

说好话存好心①,行好事近好人②。

【译注】

①说好话存好心:说真心鼓励的话,存真诚善良的心。
②行好事近好人:做能够帮助别人的事情,结交真诚善良的人。

【感悟】

"存好心、说好话、做好事。"这其实是教我们如何做人,如何在工作和生活中变得成熟,如何培养自己的品德修养,以提升个人的能力、素质和涵养为目标,为个人未来的发展奠定良好的基础。

上帝给了我们一张嘴两只耳朵,就是让我们多听少说。我们要学会倾听。

"良言一句三冬暖,恶语伤人六月寒。"要记住,要学会由衷地赞美别人,学会真诚地祝福别人,学会体贴地问候别人,学会幽默地娱乐别人,还有切忌背后论人非。真得管住自己的这张嘴,小心说话,用心说话,说好话。

常怀感恩之心,在自己力所能及的情况下,时刻努力真诚地帮助他人,做个好人,相信生命里时时都是春天,处处都是阳光。

善待别人就是善待自己。行善积德乃人之根本。无论做什么事,要怀着善心去做,踏踏实实地去做,而不是为达到目的去做,满怀心机去做。以帮助别人为荣,以让别人快乐为任。这样当我们去做事情的时候,再苦再累,心却是快乐的、阳光的,睡觉也是甜蜜的,就像花儿一样幸福。

【延伸阅读】

存好心才能有好报,你不为别人着想,别人也不可能为你着想。当然,并不是每一份善意和好心,都能获得别人的认可,有时候"存好心未必得好报"。可是仔细一想,人和人其实并没有多大差异,真正邪恶、自私过度的人并不常见。以心交心、坦诚相见的人总是会有许多朋友,也最能获得别人的认可和喜爱。古代词人李清照说过一句话:帮人如帮己!是的,能够存好心、用好意,时刻站在对方的立场考虑问题,帮助朋友获得利益,自己也就能获得别人的喜欢,积累宝贵的人脉,为自己的未来奠定良好的基础。有了这种心态,你就会在工作中无往不利,战无不胜!

不要吝啬你的微笑和关怀,不要吝啬你的赞美和祝福!一个笑容能让你获得朋友,一句好话也可以让你的事业突飞猛进。送人玫瑰,手留余香,好话总会让人回味无穷,别人会乐意接受!

在我们的生活中,语言是人与人交流的重要方式,恰当的语言能让听者获得心理上的满足,可以感染人、激励人、给人快乐。把话说好,不仅可以获得更多的朋友,还能调剂人际关系,让人与人相处得更加和谐。说好话包括两方面的意思:一是说别人喜欢听、乐意听,对别人有帮助、鼓励的话;二是掌握好说话的技巧,根据不同的环境、不同人的心理特征,将话说好,说恰当!

光是会想、会说还是远远不够的,我们还要会做,做好事才是我们的最终目的。我们每个人内心深处都藏着善良和关爱的种子,如果这些种子不能通过行动来浇灌和呵护,就不能长成大树,给别人和自己带来幸福。因此,仅仅心中有爱还是不够的,我们要把这些爱和善良展露出来,让别人和自己蒙福。懂得"为善不欲人知"的道理,长期从善,保守秘密,不让善良变成名利。只有这样的善才能净化我们的心灵,让我们得到快乐和充实。我们在帮助别人的同时其实也在帮助自己,帮助自己获得更多的朋友和机会。人心都是善的。滴水之恩,当涌泉相报,你给他一寸,他会还你一尺。人与人之间的感情就像一个银行,你存的越多,将来取出的就越多;你给予的越少,将来自己获得的就越少。我们帮助一个人摆脱困境和不幸,他便能更加勇敢地活着,领略到生命的喜悦。他会感谢你,感谢你的团队,感谢社会。当每个人都怀着感恩的心态活着,并帮助别人获得幸福时,这个社会就会更加和谐和健康,最终得益的自然还是我们自己。

【原文】

积德不倾择交不败①，读书不贱守田不饥②。

【译注】

①积德不倾择交不败："倾"，倒塌，倾颓，倾覆。多做善事、多说善言、善良待人，就能事业家庭兴旺。交友要慎重选择，才能成功。

②读书不贱守田不饥：只有读书才能走上高贵之路。耕自己的田守住自己的本，定能保证生存。

【感悟】

爱读书的人素质自然就高，种田的人自有饭吃，积德行善的人不会一败涂地，慎重选择交友对象的人会立于不败之地。处事要积德，交友要选择。欲想不低贱必须把书念，终生不挨饿就得种好田。

【延伸阅读】

"交友不难，难在择友"

人生在世，朋友必不可少。所谓"满腔热血酬知己"、"宁无百金求一友"。读书不难，难在选读；交友不难，难在择友。当今时代，信息交流更为频繁，网友、牌友、酒友、舞友，萍水相逢皆称朋友。开口是"零距离接触"，闭口是"哥们儿兄弟"，这是在牌桌、酒席上的一些套话，多是投机心态、利用心态、做秀心态、市井心态，当不得真的。在现实生活中，交友不慎自损其身的例子也是举不胜举。歌德说得好："真正的朋友在患难中对友谊绝对忠诚，真正的朋友在危险中对友谊绝对坚定。"忠诚是衡量朋友的试金石，既能检验朋友，又能从中检验自我。明代学者苏浚在《鸡鸣偶记》中说："道义相砥，过失相规，畏友也；缓急可共，死生可托，密友也；甘言如饴，游戏征逐，昵友也；利则相攘，患则相倾，贼友也。"除此之外，还有许多朋友，诸如挚友、净友、难友、益友，诸如损友、媚友、狐朋狗友、酒肉朋友……无数教训告诉我们，如果交上了好朋友将终身受益。朋友们的诤言忠告，能够让你避免误入歧途；朋友们的温暖慰藉，能够让你得以在逆境中重新奋起；朋友们的忠实诚信，能够让你享受到"人生知己"的幸福。反之，如果交上了坏朋友,则会贻害无穷。有些人走上犯罪的道路,大多是从乱交朋友开始的。这些人受贪欲驱使,主动结交能给自己带来"好处"的"酒友"、"赌友",热衷于和"老板"、"大腕"称兄道弟,有的甚至和有涉黑性质的人交朋友,与风尘女子交朋友等。其结果无不是被那些所谓重"友情"的"贼友"、"媚友"等拉上歧途,送进监狱,有的甚至断送了性命。交友里面有学问,谨慎交友很重要。真正的朋友是志同道合、情谊深厚之人。现实生活当中真正的朋友不会很多,也不必太多,更不能太烂。如此,慎重交友,冷静交友,从善交友,择贤交友,结交有志之友、有识之友、有德之友,才会以友为镜,以友为师,不断完善自我,在漫漫的人生征途中一帆风顺,健康成长。

【原文】

榻因知己设①,书为课儿藏②。

【译注】

①榻因知己设:"榻",狭长而较矮的床,亦泛指床;"知己",彼此相知而情谊深切的人。

②书为课儿藏:"课儿",教育督促儿子读书。家里藏书是为了督促后辈读书。

辑自徽州楹联。

【感悟】

学会欣赏便是收获。拥有一个好朋友,比拥有一段感情要平实的多。在人的一生中,每一次用心地投入都是一种经历。而朋友则不同,你可以在拥有朋友的同时体味到人性的纯美、真情的可贵。友情同样是一种爱,一种更高尚更至诚的爱。这世上树叶有千万片,这世上人有千万种,不一定都要相爱,不一定都要相守,只要学会欣赏。

【延伸阅读】

所谓朋友,大抵可以分为两种,一种是相交,一种是知己。相交易得,知己难求。人之一生,得一知己足矣。"知己"简单地说就是知道、了解自己内心的朋友。每个人在内心深处对于"知己"其实还有其他主观的认定,如果不能先检视自己潜藏在心中对"知己"的想法,同时了解对方对于"知己"的看法,两者贸然地成为"知己",最后通常会落得"因了解而分开"的结果。

【原文】

所谓善人①,人皆敬之②,天道佑之③,福禄随之④,众邪远之⑤,神灵卫之⑥。

【译注】

①所谓善人:"善人",有道德的人,善良的人。《论语·述而》:"善人,吾不得而见之矣,得见有恒者,斯可矣。"

②人皆敬之:人人都尊敬他。

③天道佑之:上天也会保佑他。

④福禄随之:福报官禄会跟随他。

⑤众邪远之:邪恶的东西会远离他。

⑥神灵卫之:神灵会保护他。

【感悟】

善人一生所行的善事,下顺人心,所以世间的人都恭敬他;上合天理,所以天道的神都保佑他;使富贵长寿康宁的福报,和居官受职的财禄,都跟随着他;使他能够不用去求自然就有;许多的邪神厉鬼,都远离他、避开他,不敢侵犯他;而聪明正直的神灵,冥冥之中都在保卫他、帮助他。有道是"公道自在人心",一个善良真诚、胸怀博大、懂得为他人着想的人,自然会让人肃然

交友金言

起敬。

【故事链接】

胡贯三祖孙五代是西递徽商的佼佼者,也是"徽、儒、官"三合一体的典型代表。"江南六大首富"之一的胡贯三,官封正三品,为通仪大夫,经商数十年,号称拥有"七条半街"店铺,"三十六典当"资产,一生最讲究商德和修养。他主张"以诚待人、以信处事、以义取利"三句话的商德;他颂扬"以善为本,以和为贵,以德为基"十二字的人生哲学;他重视"以商从文、以文入仕、以仕保商"的人生途径。他出生重礼学、敦礼教的家庭,继承祖先遗训,崇文尚义,造福桑梓,恤灾扶困,福及乡党,誉为"明经胡氏诗礼孝义人家"。

【延伸阅读】

善人心中充满善念,懂得关怀他人,肯于行善。孟子认为人性本善,并且说:"无恻隐之心,非人也;无羞恶之心,非人也;无辞让之心;非人也;无是非之心,非人也。恻隐之心,仁之端也;羞恶之心,义之端也;辞让之心,礼之端也;是非之心,智之端也。人之有是四端也,犹其有四体也。"在孟子眼中,"四心"是善的表现,由此产生"仁、义、礼、智"这四德,它们对于人就像四肢一样重要,离开了这些要素,人就不能行走,也就不能称其为人了。具备了这"四心",就是当之无愧的善人了。另一方面,一些人受了社会环境的不良影响,会产生恶念,但是在内心中也未尝没有善与恶的争斗。尽管恶的倾向是可怕的,但同时也能产生克服的力量,这是人性自身的斗争。

老子曾说:"天道无亲,常与善人。"意思是说,天道对于芸芸众生一视同仁,没有偏私,但是又往往暗中帮助善良的人们。

【原文】

长令子孙亲有德①,自耽诗酒乐平生②。

【译注】

①长令子孙亲有德:"有德",有德行,道德品行高尚,能身体力行。要经常

督促子孙结交品行高尚之人。

②自耽诗酒乐平生:"耽",沉溺,入迷,耽乐。陶醉诗书,与挚友们交游唱和,一生平安快乐。

辑自徽州楹联。

【感悟】

——善事多做,长存善念,问心无愧,理得心安。

——心有主见,不听传言,莫论人非,笑对人间。

——胸怀坦荡,处事坦然,心宽体健,益寿延年。

——热闹中以冷静的眼光看待一切,就会省去许多烦心事;冷落时存一份向上的心,才能享受到许多真乐趣。

【故事链接】

有一句徽商箴言是这样写道:"贾者力生,儒者力学。"即做生意意在谋生,苦读书力求入仕。一些徽商做商人与做儒生同样出色,典型的例子是程晋芳。他曾经是大盐商,后弃贾而苦读入仕,最终如愿以偿地成为翰林院编修。在程晋芳去世后,大文人袁枚的悼诗写道:"束发惜惜便苦吟,白头才许入翰林。平生绝学都探遍,第一诗功海样深。"意思是程先生年轻时就潜心于苦读经书,直到白头时(40多岁)才如愿以偿地进入翰林院。一辈子什么学问都研遍了,所做诗文的功底如同海洋一般深厚。

【延伸阅读】

"做人与交友"

人生有四门必修课:一是善良。做人不一定要轰轰烈烈,顶天立地,但一定要善良真诚。二是快乐。世上没有绝对幸福的人,只有不肯快乐的心。三是踏实。踏踏实实做人,实实在在办事,多一些努力就多一些成功的机会。四是正直。为人要正直,做事要正派,坐得端、走得直、行得正,堂堂正正才是立世之基。

人这一生,成功总是要有贵人相助,而这个贵人,要么是良师,要么是朋友。《论语·季氏》有:"益者三友,损者三友。友直、友谅、友多闻,益矣;友便辟、友善柔、友便佞,损矣。"对这段古文,杨伯峻老先生的《论语译注》中,是这样翻译的:"有益的朋友三种,有害的朋友三种。同正直的人交友,同信实的人交友,同见闻广博的人交友,便有益了。同谄媚奉承的人交友,同当面恭维背面毁谤的人交友,同夸夸其谈的人交友,便有害了。"

　　益友,是人生路上的陪伴者。益友就如一面镜子,一直反映着我们的作为。遇一益友,可以让我们时刻反省自己的行为,及时修正自己,成功之路也会越走越宽。学贵得师,亦贵得友。有良师,有益友,何惧成功之路的坎坷与崎岖呢?

【原文】

友天下士①,读古人书②。

【译注】

　　①友天下士:"友",结交,交友;"士",心有大志之人。结交天下有能之士,以天下俊杰为友。
　　②读古人书:读古往今来的书。
　　辑自徽州楹联。

【感悟】

　　以文会友,以友辅仁;立身以学为本,立学以读书为先,读书以交流为优。欲知天下事,应读古今书。

　　"世间最美是真情",良友胜于财富。让我们珍重人与人之间的美好的友情。

【延伸阅读】

　　"喜有两眼明,多交益友;恨无十年暇,尽读其书。"——清代学者包世臣撰联。

　　别人存钱,我存交情。——杜月笙语。

　　杜月笙是 20 世纪上半叶中国上海滩上最富有传奇性的代表人物之一。上海三大亨中,素有"黄金荣贪财,张啸林善打,杜月笙会做人"的说法。比起黄、张来,杜月笙确实手法更高明一些,他善于协调黑社会各派势力之间的关系,善于处理与各派军阀之间的关系。杜月笙在上海华格臬路的门联写道："友天下士、读古人书。"他还说过："钱财用得完，交情吃不光。所以别人存钱，我存交情。存钱再多不过金山银海，交情用起来好比天地难量!"还有一句话说："前半夜想想自己，后半夜想想别人。"

【原文】

生意人①，听我劝，第一学生②不要变。最怕做得店官③时，贪东恋西听人骗。

【译注】

①生意人：这里指学做生意的学徒。伙计制是徽商所发明的一种培养人才的方式，并凭此而扩大其经营规模。一般来说，在商人本人，或在协助主人管理商务的"经理"、"副手"、"掌计"等的主挥下，管理某一具体业务者，均称伙计。伙计各司其职，诸如，管账的(有"能写能算"本事者可充任)、"司出纳"的，等等。伙计是分大小等级的，其数量之多寡，由经营的规模而定。

②学生：学徒身份。

③店官：学徒期结束后相对更高级别的伙计。

学做生意的学徒们，听听我的忠告吧。一开始就要明白自己作为学徒身份，要处处留心学习；最怕当你过了学徒期，这山望那山高，听信别人不实之言而被人欺骗，那就悔之晚矣。

【感悟】

只要对主人忠心，拿出真本事来，自当为主人赏识而擢升，从而可以发家致富。徽商不仅注重对伙计的训练与培养，而且对有才干而忠心者，给予擢升，并允准其离主自立经营。这种做法有利于激发伙计的敬业和专注精神，无疑对商业的发展起了积极的促进作用。

【故事链接】

　　技术性较强的行业如盐业,伙计是要经过培训的。或与父兄当学徒,或先见习于师傅,方能当正式的伙计,进而有擢升的希望。据《歙县新馆鲍氏著存堂宗谱》记载:"(鲍直润)尚志公次子,……十四赴杭习贾。贾肆初入者惟供洒扫。居半年,虑无所益,私语同辈曰:'我辈居此,谁无门闾之望,今师不我教,奈何?请相约,如有所闻,必互告勿秘,则一日不啻两日矣。'师闻而嘉之,遂尽教。思既卒业,佐尚志公理鹾业,课贵问贱,出入无不留意。遇事必询,询必和其辞色。虽厕仆亦引坐与语,以故人多亲之。市价低昂,闻者莫之或先。贸易不占小利,或以为言大父曰:'利者人所同欲,必使彼无所图,虽招之奖不来矣。缓急无所恃,所失滋多非善贾之道也。'人服其远见,尚志公晚年事皆委任焉。"

　　鲍直润虽系鲍尚志之子,依然先当学徒;帮助其父管理盐业后,也处处向他人求教,以提高业务水平。可见徽人注重训练商业技能和积累商业知识,亦即人力资本的积累。

　　伙计出身的绩溪汪彦,经过十余年的积趱,拥资"二十余万,大小伙计,就有百十余人"。近人歙县许承尧的族祖许某,"十数世之积,数百万之赀",在江浙间开的典当铺店,"四十余肆","管事者以下"即包括掌计、伙计在内,"几及二千"。汪道昆的曾祖父玄仪,便将"诸昆弟子姓十余曹"带去当伙计或掌计等,后来这些昆弟子姓都发了财,有的甚至积赀超过他。

【延伸阅读】

《桃园俗语劝世歌》

　　生意人,听我劝,第一学生不要变。最怕做得店官时,贪东恋西听人骗。

　　争工食,要出店,痴心妄想无主儿,这山望见那山高,翻身硬把生意歇。

　　不妥贴,归家难见爹娘面,衣裳铺盖都揽完,一身弄得穿破片。

　　穿破片,可怜见,四处亲朋去移借。倒不如,听我劝,从此收心不要变,托个相好来提携,或是转变或另荐。

　　又不痴,又不呆,放出功夫擂柜台,店官果然武艺好,老板自然看出来。

　　看出来,将你招,超升管事掌钱财。

　　吾纵无心掌富贵,富贵自然逼人来。

【原文】

择友须是求三益^①,克己还宜守四箴^②。

【译注】

①择友须是求三益:"三益",本自《论语·季氏》,即同正直的人、信实的人、见闻广博的人交友。此后的各代,都以此为交友之道。故清人张潮说:"有多闻直谅之友,谓之福。"

②克己还宜守四箴:"四箴",为四句箴言。宋代文学家、大臣张方平以《礼记·曲礼上》中的四句话作为修身克己的"四箴":"傲不可长,欲不可纵,志不可满,乐不可极。"傲长则看不到自己的不足,欲纵则沉沦于酒色,志满则不思进取,乐极则生出悲哀。宋代理学家程颐亦以《论语·颜渊》中的"非礼勿视,非礼勿听,非礼勿言,非礼勿动"为四箴。

【感悟】

你是谁并不重要,重要的是你和谁在一起。和什么样的人在一起,就会有什么样的人生。和勤奋的人在一起,你不会懒惰;和积极的人在一起,你不会消沉;与智者同行,你会不同凡响;与高人为伍,你能登上巅峰。古有"孟母三迁",足以说明和谁在一起的确很重要。雄鹰在鸡窝里长大,就会失去飞翔的本领,怎能搏击长空,翱翔蓝天?野狼在羊群里成长,也会"爱上羊"而丧失狼性,怎能驰骋大地?

原本你很优秀,由于周围那些消极的人影响了你,使你缺乏向上的动力,丧失前进的勇气而变得俗不可耐。如果你想像雄鹰一样翱翔天空,那就要和群鹰一起飞翔,而不要与燕雀为伍;如果你就要和狼群一起奔跑,而不能与鹿羊同行。正所谓"画眉麻雀不同噪,金鸡乌鸦不同窝"。这也许就是潜移默化的力量和耳濡目染的作用。如果你想聪明,那你就要和优秀的人在一起,你才会出类拔萃。

【故事链接】

大富大贵、大喜大悲、大取大舍、大起大落——胡雪岩是中国近代一位富有传奇色彩的商人。"古有先秦陶朱公,近有晚清胡雪岩。"他"游刃于官商之间,追逐于时势之中,品够了盛衰荣辱之味,尝尽了生死情义之道"。在短短的几十年中,他由一个钱庄的小伙计摇身一变,成为闻名清廷朝野的红顶商人。但他也恰恰忘记了"傲不可长、欲不可纵、志不可满、乐不可极"。1884 年,胡雪岩这位纵横商场、江湖,出入朝廷庙堂之上,权倾一时、富可敌国的一代巨贾,身败名裂,落得倾家荡产孑然一身,近3000 万两银子的家业也顷刻消失,短时间之内事业家业俱毁,天堂地狱,如梦幻般迅速演绎一遍。他在凄凉中郁郁而终,终年六十二岁。胡雪岩荒淫而奢靡的生活习性,与他最终的失败有着密切的关系。

【延伸阅读】

——人之所以痛苦,在于追求错误的东西。

——有时候我们要冷静问问自己,我们在追求什么? 我们活着为了什么?

——选择一个朋友,就是选择一种生活方式。我们应结交那些可以完善自己品德,提高自身修养,丰富自己的内涵的人。要结交那些快乐的,能够享受生命、安贫乐道的朋友。

——一个人做事的时候要知道什么是礼仪廉耻,也就是对自己要有所约束。内心要有坚定的不妥协的做人标准,学会把有限的知识融会贯通,融入自己的生命。要一边学,一边想,一边应用。同时要对社会有用,要为社会做事。

【原文】

交友之先宜察①,交友之后宜信②。

【译注】

"察",仔细看,调查研究,察看,察核,观察,考察。交友之前要谨慎,成为朋友之后则应该互相信任。

辑自徽州家训。

【感悟】

交朋友要谨慎,要选择那种有助于你身心健康发展的朋友。如若不加选择地结交朋友,不仅对自己的健康发展无益,可能还会有不良的影响。正所谓近朱者赤,近墨者黑。交友贵心知,酒肉朋友、利益组合不可交,也不可能深交,从这个意义上来说,友不可滥,大可不必充那种高朋满座、食客三千的气派。

【延伸阅读】

"慎交"

慎与富豪交,免伤心态。本来自己的小日子过得不错,房子不大够住,票子不多够花。子女虽无博士硕士桂冠,但有一份较为开心的工作,开开心心上班,欢欢乐乐过日子。乐哉,悠哉。如果硬要和豪富大款交往,看人家那豪宅花园、名车游艇,听人家儿女美国留学、瑞士定居,立即就会觉得自己太穷酸了。其实自己的家境并无任何变化,只因交友"不慎",一下子就把自己变成了"穷人",进而影响了自己的乐观心态。

慎与权贵交,免贱身价。在自己生活的圈子里,可以堂堂正正,对于不如自己的人不歧视,对于权贵富豪不攀附,人人敬我,我敬人人,受人敬重。如果一旦削尖脑袋跻身于权贵圈子,那就少不了仰人鼻息、受人白眼,成了谁也瞧不起的贱骨头,岂不是自贱身价。

慎与胜者交,免损自尊。人生的成功,固然可喜可贺,但它不是绝对的,是相对的,只能是在某一阶段、某一方面或某一环节成功。不成功,也不是绝对的,而是相对的。人生不可能十全十美,这里长了,那里可能就短了,必须泰然处之,坦然待之。所以,无论如何不要刻意结交那些炙手可热的成功者。否则,瞧瞧人家,比比自己,简直就是白活了,这又何苦来着?

慎与名士交,免生自卑。名士大腕,名震中外;自己却默默无闻,如同无名小草。如果硬要把自己的热脸往人家的冷屁股上贴,请题词、要签名、邀合影,那就很可能自讨没趣,还会使自己感觉格外自卑。

慎与才子交,免得自惭。风流才子,才高八斗,出口成章,非常人可比。自己生性愚钝,如果笨鸟先飞,居然也会偶有小成。写上几句顺口溜也可当做诗,几笔涂鸦之作悬于斗室也充名画品评。因不与风流才子交,也会不知天高地厚、人外有人,倒也常自鸣得意,聊以自慰,不会自惭形秽。

九、成 人 之 美

【原文】

> 成人之美真君子①，嫉贤妒能是小人②。

【译注】

①成人之美真君子："成人之美"，成全别人的好事，帮助别人实现愿望。《论语·颜渊》曰："君子成人之美，不成人之恶。小人反是。"意思是说，君子成全他人的好事，不成全他人的坏事；而小人的所作所为却恰恰相反。

②嫉贤妒能是小人："嫉贤妒能"，对品德、才能比自己强的人心怀嫉妒。嫉恨比自己强比自己好的人、嫉妒有才德的人是小人行为。

"成人之美"，是正人君子的高尚道德；"嫉贤妒能"，为不道德的小人行为。

【感悟】

中国文化中交友之道的精髓在于"规过劝善"，这是朋友的真正价值所在。有错误相互纠正，彼此向好的方向勉励，这就是真朋友，但规过劝善也有一定的限度。朋友的过错要及时指出，"忠告而善道之"，尽心劝勉他，让他改正错误。

朋友都有其各自的优点和缺点，规过劝善固然好，也不应过度，否则便会失去朋友。让自己的眼睛多停留在朋友的长处上，既勉励了自己，又不至于走进友谊的误区。睁一只眼，多看到对方的长处；闭一只眼，少看到对方的弱点。

【延伸阅读】

成人之美是一种修养，也是一种高尚的品德，它需要有宽广的胸襟和与人为善的心态。君子内在修身、外在达人，尽可能向他人提供方便，尽量给予他人帮助。如儒家的"人溺己溺,人饥己饥"、"己所不欲,勿施于人";道家的惩恶扬善;佛家的教人向善、慈悲普度等,无不包涵了成人之美的思想境界。圣王明君治世,使国泰民安;贤相良臣尽忠报国,荐贤举能,不谋私利;实践和传播儒、佛、道思想以济世的道德之士,与人广结善缘,使人提升道德。乃至给人劝善、鼓励的一句话,使人择善而从,都体现出成人之美。

【原文】

存一片好心愿举世无灾无难①,做百般好事要大家利民利人②。

【译注】

①存一片好心愿举世无灾无难:人人都有良好心愿,祝愿世界没有灾难。

②做百般好事要大家利民利人:极尽所能多做善事带动大家做帮助他人的事情。

【感悟】

杭州胡雪岩故居对联,上联:做百般善事要大家利民利人。下联:存一片好心愿举世无灾无难。横批:勉善成荣。这是胡雪岩生意和事业鼎盛期,当时在位的同治皇帝与他亲笔御书御题的金字招牌。勉是勉励的意思;善就是善事,救济穷人;荣就是荣耀荣华的意思。联起来就是要多做善事来成就荣耀。"勉善成荣",还告诉我们,一个人的成就,是靠不断地做善事积累而成的。不做善事就不会有成就。

【故事链接】

胡雪岩的家境原来非常贫困,发迹后遵从母亲教诲,一生都在做好事善事。胡雪岩在乱世中开药店就是一种善举。当时乱世之中瘟疫蔓延,流离失所中,普通百姓很少有钱看病买药。他下令各地钱庄,另开设医铺,有钱少收钱,无钱也替人家看病、送药。这是很了不起的善行。在杨乃武与小白菜的案子中,胡雪岩还通过自己的势力与财力上下打通,为此案的平反起了很大的作用。胡雪岩还对当时直隶水灾、陕西旱灾、西征军等捐赠银子、衣服、粮食、药物等,据说其捐款约 20 万两白银。

【延伸阅读】

"胡雪岩生意经"

——做生意如带兵,要看人行事,随机应变,从变化中找出机会,才是一等一本事。

——办大事最要紧是拿主意! 主意一拿定,说个道理并不难。

——能因时因地制宜,不拘一格,是用人的诀窍。

——不招人妒是庸才。

——赚小钱靠术,赚大钱靠势。

——一个人值不值钱,看他说的话算不算数!

【原文】

做事总要将心比心,为别人着想。

【译注】

"将心比心",拿自己的心去衡量别人的心,形容做事应该替别人设想。

【感悟】

人是一种有感情的动物。要想结交到真正的朋友,光有利益是不够的。只有以心相交,以情义两字当头,才有可能结交到知心的朋友,别人也才会把你当成真正的朋友,从而为你事业的成功奠定坚实的基础。

【故事链接】

在胡雪岩生活的时代，做生意必然要面对一股特殊的势力，就是江湖帮派。晚清乱世，政府处于内忧外患之中，对社会的监管力大不如前。江湖帮派也就随着社会的混乱而形成，并逐渐成为社会生活中的一股重要力量。在当时，要经商，就必须与江湖势力打交道。胡雪岩更是深谙此道，他结交漕帮魏老五就是一例。胡雪岩和魏老五成为朋友，一开始固然有利用的成分在内，但当他觉得魏老五是可交的人之后，就立即改变了原来的想法，设身处地来替魏老五着想，终于赢得了魏老五的尊敬，二人也由此成为至交。商人在交友时都着眼于一个利字，即谁对我有用就和谁交往，而胡雪岩则不然，他一旦发现意气相投就会以心相交，所以总是能够交到知心朋友，而这些朋友反过来又对他一生的成功起了重大作用。

【延伸阅读】

胡雪岩结交官员，首先是知道他们需要什么。给了他们需要的东西，也就抓住了他们。手中抓住了这么多官员，有了强大的官场靠山，胡雪岩运粮拨饷，筹示购枪，无一不可堂而皇之地去做，事事兴旺，事事顺遂。而这"对症下药"四字，实在是他巴结官场以官助商的窍门。不同的人对一件东西的需求程度是不一样的。要想使自己所送出去的东西效用最大，就必须对症下药，选择别人最想要且暂时得不到的东西去送，这样既能让自己的东西物超所值，也会让别人倍感满意。

【原文】

只有拉人一把，没有踹人家一脚的道理。

【译注】

在别人为难时及时帮上一把，更不能做落井下石的行为。

【感悟】

经商之道不落井下石。商业竞争常常被人渲染成为不择手段地赚取利润，其实，这大大背离了经商不应该落井下石的道德准则，真正的商业市场应该是公平有序、互助帮扶的良性社会。要把握他人急需帮助的时机，通过拉人一把的方法，实践自己遵守社会公德的责任。

【故事链接】

胡雪岩在商场纵横数十年，各种各样的人见识无数，对于商场上落井下石之人可谓了如指掌。但他告诫手下人绝不可以这样做。无论是商人还是一般人，都需要恪守社会公共道德的底线。在其飞黄腾达之后，胡雪岩既没有对那些曾经采用阴招算计自己的商人进行报复，也没有利用自己财大气粗吞并那些弱小的商户，而是采取帮助扶持的经营策略，最大限度地扩大自己的商业联盟，为胡氏商业集团树立高尚的口碑，笼络了一大批商户，最终成就了他在国内商界无人能比的地位。

【延伸阅读】

"帮人要帮在实处，帮在急难处"

人在危难时总是需要人伸手拉一把。要在别人危难之际迫切地需要帮助的时候，怀一副古道热肠援手相助。一个人如果想在事业中有所成就，就必须学会为人处世之道。因此，每一位胸怀大志的人也应该具有这种良好的品德，这应该是没有疑问的。仅仅从有利于个人事业发展的眼光来看，得帮人时且帮人，该拉人一把时伸出手去，许多时候也是极为必要的，甚至是必须的。得帮人时且帮人，实际上是一种极好的感情投资方式。因为你只有这样做才能够帮助自己建立起良好的人际关系。换句话说，许多时候，帮助别人的时候实际上就是帮自己。施恩于人，获报于人，有时甚至能够以"滴水"而获"涌泉"。虽然帮人时不应该只是想着去获"报"，更不该以获"报"与否来决定帮或不帮。但客观上说，施恩于人终将会获得一定的回报。所谓"种瓜得瓜"，这其实也是人们之间互相交往的一种必然。商事之道与人事之道，在这一点上是一致的。当然，帮助别人要学会选择合适的帮助对象、合适的时机。也就是说，帮人要帮在实处，帮在急难处，同时所帮的还应该是可帮之人并不是不加选择地无目的的慷慨施助。对于那种好吃懒做、胸无大志、品行败坏的小人就无必要施助。

【原文】

求自己安居先与他人晋地位①，广儿孙福祉须从方寸立根基②。

【译注】

①求自己安居先与他人晋地位："晋"，上进，晋升，提高地位、级别或荣誉。

②广儿孙福祉须从方寸立根基："广"，宽大的房屋，引申为扩大。"方寸"，指人的内心，心绪。扩大子孙后辈的福祉要从内心深处打好基础。

辑自徽州楹联。

【感悟】

与人方便自己方便，正道取财才是根本。你为他人做了一点，他人很难与你为难；多给子孙谋求利益，先从本人内心确立。一个人心中只有自己的时候，其实也把麻烦留给了自己；而当心中想着别人的时候，别人自然也把方便留给你。与人方便，就是与己方便；顾念别人，就是顾念自己。

【延伸阅读】

"与人方便自己方便"

"与人方便自己方便"，是一句老话，其所涵盖的意义也不难理解。但在现实生活中，遇到这样的情况时，不少人往往将这句话置于脑后而不顾，甚至反其道而行之，要求别人给自己方便的时候多，自己方便他人的时候少。与人不便自己不便，这样的例子在日常生活中不难遇见，诸如：说话没有回旋余地，最后把自己置于尴尬境地；办事不留后路，结果把自己逼到死胡同；行路互不相让，导致人车相撞。得理不让人，反成没理人……一个乐于完成举手之劳的人，除了能为别人提供方便外，也能为自己带来一些便利；除了能让受到帮助的人感到温暖外，还可以使自己感受到助人的快乐。

【原文】

事以利人皆德业①，言堪持赠即文章②。

【译注】

①事以利人皆德业："利人"，为别人谋利益；"德业"，德行与功业。

②言堪持赠即文章："堪"，能，可以，足以；"持赠"，持物赠人。说出的话语如果可以送给别人，对人家有所帮助，就是好的文章了。

辑自徽州楹联。

【感悟】

"思利及人"。唐代大书法家颜真卿《争座位帖》有名句："修身岂为名传世，作事惟思利及人。""思利及人"的意思是：人总是希望为自己争取利益，然而利益的获得是有条件的。当一个人给别人带来好处的时候，他自己才能得到利益。这是儒家道德修养中用于处理利益原则的一种思想延伸，与孔子所提出的"夫仁者，己欲立而立人，己欲达而达人"的主张是一脉相承的。这句话体现了儒家忠恕的思想，要求根据自己内心的体验来推测别人的思想感受，达到推己及人的目的。

【延伸阅读】

"杜月笙论交友"

——不要怕被别人利用，人家利用你说明你还有用。

——花一文钱要收到十文钱的效果，这才是花钱能手。

——人可以不识字，但不能不识人。

——做事要做到刀切豆腐两面光。

——英雄不怕出身低，关键要有一个好脑子。

——做人有三碗面最难吃：人面，场面，情面。

——对人必须诚恳，即使有人欺瞒我于一时，我总能以诚字来感动他，使他心悦诚服。我的处世之道，尽在一个诚字，你们举一反三，方始可以谈交友。

【原文】

求人须求大丈夫①，济人须济急时无②。

【译注】

①求人须求大丈夫："大丈夫"，古时称有志气、有节操、有作为的男子。遇到困难时要向可靠的人寻求帮助。

②济人须济急时无：接济人要接济那些处于困境、没有办法的人。雪中送炭，才是急人之所急，才是真心实意地帮助别人。不要为了达到某种目的或者寻求别人的感激而去帮助别人。

【感悟】

成功时献花，不如困难时拉一把！患难之时见真情。人们遇到困难和危机，要懂得向谁求援，而提供援助的人要明白应该首先救援最需要帮助的人。

【延伸阅读】

《大丈夫》

"居天下之广居，立天下之正位，行天下之大道。得志，与民由之；不得志，独行其道。富贵不能淫，贫贱不能移，威武不能屈。此之谓大丈夫也。"——《孟子·滕文公下》

十、君子之交

【原文】

友以义交情可久^①，财从道取利方长^②。

【译注】

①友以义交情可久：朋友相互交往，以"义"为重，只有在"义"的基础上才能感情持久。

②财从道取利方长：财富的积累要依"道"而行。只有这样才能源远流长。"道"、"义"是指国家、人民的大义之道，指各种法律制度、规范准则及社会道德等。

交朋友要义字当先，这样朋友才会愿意和你长期交往；做生意要学会取之有道，诚信为本，这样别人才愿意长期和你做生意，你的生意才会长久红火。

辑自徽州楹联。

【感悟】

在中国有一句流传很广的话："君子爱财，取之有道。""道"是什么？合法之道。说到底，也就是仁义之道。眼下的现实却是，这句被国人推崇了几千年的古训被当下的人们无情地抛弃了。有人戏称当前的社会现实是"君子爱财，取之有术"。一字之差，却道出了当前的社会现实。人人都在问"怎样才能走上富裕之路"，却不去关注"为什么富裕"的问题。正是这种只问"术"、不顾"道"的急功近利心态，导致人们放弃了仁道这个国人最看重的安身立命的基础，从而放弃了生活的原则。于是"染色馒头"、"地沟油"等大量为富不仁的事件层出不穷。经济的发展离不开道德的规范与制约。君子求财，取之有术，但更取之有道。离开了

"道"的规范与制约，"术"自然也就成为　之所以屡禁不止，就是缺失了"道"的规
歪术、邪术。中国社会发展中存在的问题　范与调控。

【故事链接】

　　深受儒家传统思想教育的徽州商人打出了"以义为利、利缘义取"的旗号，并把它作为自己经营道德中的一个重要内容。徽州商人认为，"义"与"利"并非截然对立的二端，在商业经营活动中，商人完全可以做到"义利双行"。清代道光年间，黟县商人舒遵刚对此有一段精彩的议论。他说，钱财就好比流水，有源头才会有流水，如果要是以狡诈来换取钱财，就等于是把源头给堵上了，怎么还会有流水呢？很多人或许因为吝啬不肯花钱，或是因为奢侈而滥用钱财，这些都是自堵源头的行为。很多人都知道奢侈是过错，却有很少的人知道吝啬的过错，其实吝啬有时候也会让你的财路受堵。只有因义而用财，方是生财的大道。舒遵刚这种"义中取利"思想，在徽商中是有代表性的。休宁商人吴鹏祥侨寓汉阳，有一年汉阳大灾，米价奇贵，饥民无以为生。吴鹏祥恰好从四川运米数万石到汉阳，如果按照当时的米价售出，可以赢利数倍，但是他并没有趁机捞一把，而是把数万石米全部按平价售出。他的义举平抑了粮价，灾民们得以度过了灾年。他舍利取义的做法，失去的是一时的利，得到的却是长久的利。汉阳百姓感激其的义举，湖南巡抚及汉阳知府都给他以嘉奖，于是他名声大振。大多数徽州商人在经营活动过程中，都比较讲求以"仁爱"之心及人，追求高尚的品质。譬如清代康熙、乾隆年间的歙县籍吴姓盐商，"平生仁心为质，视人之急如己"，只要他力所能及总是帮助他人，又总是悄悄做好事而不宣扬。

【延伸阅读】

　　与交情深厚的朋友相处，我们既要放松、坦诚，同时又要尊重对方的想法，与他保持适当的距离。遵循一定的礼仪是非常必要的。比如发现朋友的过错时我们要注意采取适当的策略，一方面我们不能对朋友的缺点熟视无睹，或是装作不知道，因为这样会损害朋友的利益；另一方面不能直截了当地说教，因为这样很容易引起对方厌恶，甚至会引起相反的效果。所以，正确的做法是要以诚心劝导对方，如果他听不进去就要选择放弃。这是我们维持与朋友良好关系的一个秘诀。

【原文】

> **文以载道史以载事①，义者为已仁者为人②。**

【译注】

①文以载道史以载事："载"，记录；"道"，道理，泛指思想。文章是说明道理的，史书是记录历史上发生的事件的。文章记载有道之人，史书记载有义之事。

②义者为己仁者为人："义"，宜，因时制宜，因地制宜，因人制宜，当做就做，不该做就不做，见德思义，不滥取不义之财。

辑自西递楹联。

【感悟】

古人云"文以载道"，所有的经典文字都离不开一个"道"字，其具体而微地集中表现为在人生感悟的过程中对崇德修身的颖悟，包含着中华传统文化的天命观和道德观，为心灵指明方向。一部经典往往都有一个结构严谨的布局、吸引人的开头和意味深长的结尾。中国古典名著都关注道德、关注人文、关注未来，认为生命承担了道义才是最可贵的。返本归真是做人的真谛，鼓舞人们追求真理和光明。

【延伸阅读】

"仁者为人"

仁者为人，也就是说：仁是人之所以称之为人的根本所在，是人的一种内在规定性。孔子强调做人要重视仁德，在他看来仁德是做人之根本，是第一位的。如孔子说："人而不仁，如礼何？人而不仁，如乐和？"钱穆先生译为："人心若没有了仁，把礼来如何运用呀！人心若没有了仁，把乐来如何运用呀！"说明仁德作为基础，只有在人心有仁德的基础上做学问、学礼乐才是有意义的，否则，一切就都没有了意义。说明仁作为仁的理性其内在规定性的重要性。此外，孔子还说："唯仁者能好人，能恶人。"意思是说：只有有仁德的人，才能够公正地喜爱真正喜爱的人，才能够公正地厌恶应当厌恶的人，也就是说只有有仁德的人，才能公正无私地对待他人。孔子提出"仁者人也"的命题，是对人之所以为人的理性自觉,是对人的本质的概括,这一思想概言之,也就是"仁者为人"。

【原文】

君子之交淡如水①,小人之交酒肉亲②。

【译注】

①君子之交淡如水:"淡如水",清清白白、光明正大。君子之间的交往就像那水一样清澈,没有利益权力纷争、清白平淡。君子之交如水般清澈、平淡,才得以长久。

②小人之交酒肉亲:小人之间的交往就只有有酒有肉的时候才亲近,遇到困难需要帮助的时候却会逃避你。

【感悟】

"君子之交淡如水",是中国人长期以来推崇的理想交友境界。君子间的交往虽然平淡,却会在你困难的时候如亲人般伸手援助,而小人之间的交往虽然甘甜,但会在你需要帮助时,与你绝交。君子之交不是建立在利益的基础上,而是建立在双方的人格魅力之上。不需要金钱权势这些的利益,所以即使很平淡也很真诚而长久。小人之交,彼此都怀有获利之心、利用之意,所以免不了虚情假意、矫揉造作,虽甜言蜜语却难以持久。

【延伸阅读】

"君子之交淡若水"之积极意义

"君子之交淡如水"是一种理想的交友境界,它鼓励人们在交友中朝着这个方面去努力。即使达不到那种境界,也会使友情更纯洁一些——这如同虽然进不了花园,也能通过努力接近花园,可以嗅到花的芳香,可以看到出墙的艳枝,在一定程度上可使身心得到熏陶和愉悦,总比在追名逐利中不择手段地互相利用要好得多。

"君子之交淡如水",也提醒人们在与朋友交往中要注意的相互关系的"度",这个"度"如果不适当,就会变成扼杀友情的绳索。"君子之交淡若水"是与"小人之交甘若醴"相对而言的。君子之交,朋友之间有个适当的距离,但心心相印,紧密地贴在一起;小人之交,常常胶在一起,密切无间,但心灵上互相隔膜,难以沟通;君子之交,对朋友说该说的话,做该做的事;小人之间,说朋友想听的话,做朋友想做的事。

【原文】

以媚字奉亲①,以淡字交友②。

【译注】

①以媚字奉亲:用美好的语言和行为取悦亲人,开心侍奉亲人,以此让亲人高兴。

②以淡字交友:以淡泊如水的形式交朋友,与朋友交往要平淡。

【感悟】

百善孝为先,意思是说孝敬父母位居一切美德之首,是做人的根本。中国人历来重气节,鄙视谄媚,但是唯独对待父母例外,叫做"以媚事亲"。强调的是,即使父母不对,我不接受,我也要注意表达方式,要委婉,用软语,不可令父母生气。让父母愉悦开心是一个人一生中最大的福气。

【延伸阅读】

交友之道,其境有三:一是处于逆境,友以相助;二是处于顺境,友以相砥;三是处于乱境,友以相悟。

【原文】

人得交游是风月①，天开图画即江山②。

【译注】

①人得交游是风月："交游"，结交朋友。结交朋友如清风明月般的淡泊。

②天开图画即江山："天开图画"，上天展示出来的图画。形容秀丽的自然景色。上天展现就是如诗如画的江山的自然美景。

辑自古黔楹联。

【感悟】

交游如风月，变幻无际。而清风明月，即若"君子之交淡如水"；交游也如风月，来无碍，去无痕，缘来则聚，缘去则散，无需系于怀。人之交游，如同天工开物，纯以自然笔力，无雕琢之意，却浑然天成，图画自出，此即"天开图画即江山"。在旅途的拐弯处，惊喜不期而至！

【故事链接】

流连山水怡情养性是徽商津津乐道甚至欣然神往的余暇活动。黔商胡春帆承先人之业出入江湖，"舟车往返，必载书籫自随。每遇山水名胜之区，或吟诗，或作画"，"饶有雅人深致，与庸俗市侩不类"。正是由于他们具有诗人般的情怀，所以每到一处，经营之余，或登高望远，或游湖荡水，体味儒士般的风雅。五岳名山有他们的足迹，西子湖畔有他们的身影，秦淮河岸有他们的唱和。在这山水之间，他们忘却了世间对商人的歧视，感受着自然之美，畅意抒怀，体味人生的价值和生活的乐趣，其境界非旁人所能领会。

【延伸阅读】

"夕阳尽处望清闲，想见千岩细菊斑。人得交游是风月，天开图画即江山。"——宋·黄庭坚《王厚颂二首》其二。

交友金言

【原文】

以文常会友①，唯德自成邻②。

【译注】

①以文常会友："文"，礼乐文章；君子以讲习礼乐文章会友。经常通过文字文章学问来结交朋友。《论语·颜渊》："君子以文会友。"以文会友实际上是以道义来结交朋友。

②唯德自成邻：自然就会与有道德才学的人像邻居一样成为朋友。以德为邻之目的是提升自身修养，要以道德作为自己的邻居。

辑自徽州楹联。

【感悟】

子贡问友："君子以文会友，以友辅仁。"交什么样的朋友，这对人的一生很重要，朋是同学，友是同道者，这和我们当下语境中的朋友二字大为不同。现在"朋友"二字满天飞，多被泛化，酒肉、利益关系者居多。

以德为邻的人应是品行高雅、德惠四邻的谦谦君子。与有道德的人做邻居，相融相守，也该是件非常惬意的人生快事。

【延伸阅读】

"以文会友"

"要成好人，须寻好友。"（明·吕得胜《小儿语》）古人懂得："以财交者，财尽而交绝；以色交者，花落而爱渝。"（战国策·楚策一）"以势交者，势倾则绝；以利交者，利穷则散。"（隋·王通《文中子·礼乐》）所以，古人很提倡以文交友。"以文常会友，唯德自成邻。"（唐·祖咏《清明宴司勋刘郎中别业》）他们认为："交友投分，切磨箴规。"（南朝梁·周兴嗣《千字文》）。在以文会友的时候，做到意气相投，互相切磋琢磨，彼此规谏劝诫。这是一种境界。"君子忌苟合，择交如求师。"（唐·贾岛《送沈秀才下第东归》）在以文会友的时候，实际上是求拜老师。这又是一种境界。以文会友，胜友如云，高朋满座，那是何等乐事！

【原文】

> 交友无贫富①，情义重千金②。

【译注】

①交友无贫富：交友在于志同道合，而不论贫富与否。

②情义重千金：情义比其他什么都重要。

辑自徽州楹联。

【感悟】

我们应以义交友。做人要讲义气，"有福同享，有难同当"才是真朋友。管鲍之交传颂数千年，是值得我们学习的。交朋友时，如果见别人发达了就去趋奉，失意了就弃而远之，这不过是小人之交，是很难交到真朋友的。

【延伸阅读】

"要交真朋友，先做真朋友"

本杰明·富兰克林说："成功的第一要素是懂得如何搞好人际关系。"这个道理第一个原则是和而不同。两个或多个有着独立思想、独立人格、个性迥异的人，在相互理解、相互欣赏、相互谦让的基础上，融洽相处。如果你看不惯我，我看不惯你；你瞧不起我，我瞧不起你，为了某种需要不得不走到一起，就变成小人之交了；第二个原则是"以文会友"。大家虽然在学识、才能、经验、阅历、背景、相貌等诸多方面都有差异，追求的目标却相同。以前有一句流传甚广的话："我们来自五湖四海，为了一个共同的目标，走到一起来了。"这正好切中"以文会友"的本义。如果大家在做同一件事，却各怀心思，力量就很难融合到一起，又变成"同而不和"了。符合上述两个原则的朋友关系，才是真心朋友。人生能交到一个真心朋友，绝对是一大幸运。能交到一批真心朋友，那就太幸运了！但是，真心朋友不是天生的，需要我们用真心去浇灌，才能盛开出友谊之花。所以，我们要想得到真心朋友，首先自己就要做一个真心朋友。

【原文】

> 每事肯吃亏的便是君子①,每事好占便宜的便是小人②。

【译注】

①每事肯吃亏的便是君子:事事都能忍让的人够得上君子的标准。
②每事好占便宜的便是小人:事事都想占便宜的人肯定是小人。
辑自徽州楹联。

【感悟】

弘一法师说:"我不识何等为君子,但每事肯吃亏的便是;我不识何等为小人,但每事好占便宜的便是。"清末洋务派首领张之洞有副对联:"能忍耐终身受用,大学问安心吃亏。"这不仅总结了他一生跻身官场的政治经验,也是他的养生经。

感受到人生的幸福,必须有一番真正的修炼。人不可能总以利剑的精神高歌前进,需要忍耐,需要退却,需要迂回,需要超拔。它是人的能量的厚积薄发,是持之以恒,是面临挫折的不急不躁,是享受人生的知足适度。凡事不要处处光从好处想,做人不能事事占着便宜。吃点亏不要紧,吃亏是福!

【延伸阅读】

"低调,是态度,也是智慧"

别人持才自傲,你虚怀若谷。
别人卖弄口才,你多思慎言。
别人拼命外显,你韬光养晦。
别人你斗我争,你远离是非。
别人直来直去,你融方于圆。
别人争破头颅,你以退为进。
别人拿放不起,你能屈能伸。
别人趾高气扬,你不显不炫。

【原文】

秀句警人时戛玉①，清言对客总如兰②。

【译注】

①秀句警人时戛玉："戛(jiá)玉"，琢玉。内容精警、音节铿锵、真切优美的句子，好比戛然的美玉一样，给人以无限的美的享受。

②清言对客总如兰：用清芬的语言来对待客人，犹如幽兰发出的馨香，使人舒畅陶醉。

辑自西递楹联。

【感悟】

虚心效竹节，人品如兰馨。人们将幽兰喻为人之交往，认为与善人相待，心地自然善良；与恶人相交，则会身受其殃。与善人相处，如同进入幽兰之室，久而久之，会身同物化，成为品行端庄之人。如果周围多是阿谀奉承之徒，日久自然就成了昏庸之辈。人可为功名利禄、蝇头小利而喋喋不休。然幽兰则不然，不以物变而变，"生于空谷，不以无人而不芳"，体现了兰之性、兰之品。在历代士人心目中，兰花几乎成了一种品性、一种文化、一种气质、一种梦想的寄托。先贤以兰喻德，以兰养性，以兰明志，令人在这个纷争烦扰的世界中，寻找到一块心灵的净土，成为灵魂深处的一道安全屏障。

【故事链接】

徽商一般都有一定的文化根底，所以经商之余，有的借书抒怀、有的吟诗作文、有的浸淫音律、有的以画绘意，雅然情趣，乐不可言。在徽商大贾中能诗善文的几乎比比皆是。徽商知识广博，喜欢谈论文化事，在做生意的过程中，喜欢来点文化义举，或文化投资。因此，徽商走到哪里，哪里的文化就繁荣。以徽商最为集中的扬州为例，扬州的繁华昌盛，实际上是在徽商的推动下出现的。

【延伸阅读】

"万卷诗书如好友，一樽谈笑伴高人。"

"文章真处情性见，谈笑深时风雨来。"——宏村楹联

123

【原文】

淡交惟对水，雅意在鸣琴。

【译注】

①淡交惟对水：朋友结交像水一样淡泊，与人交往真挚而淡泊。

②雅意在鸣琴："雅意"，高雅的情趣。从相互唱和与切磋中寻找知音和友谊。有了感情上的共鸣，才谈得上思想上的交流。

借用伯牙摔琴谢知音的故事。

辑自古黟楹联。

【感悟】

淡，不仅是一个淡，淡的里面是有滋味的，这滋味是"恬"。"恬"强调的是与俗、艳、媚的快乐不同的安乐，是从淡中的娱心，这种淡中的娱心是从身中之气而来的安乐，一种与宇宙本质相连的安乐，而这种身之气而来的安乐，只有在淡达到至妙的时候才出现的。在这一意义上，有没有这种娱心的"恬"，成了达没有达到淡的检验标准，或者说达没有达到淡的极至的检验标准。

琴，弦之至清。清者，大雅之原本，声音之主宰。琴乐中"清"和"雅"两者密不可分。而"清"和"雅"乃是淡如水的境界。

【延伸阅读】

"知音"

伯牙善鼓琴，钟子期善听。伯牙鼓琴，志在高山，钟子期曰："善哉，峨峨兮若泰山。"志在流水，钟子期曰："善哉，洋洋兮若江河。"伯牙所念，钟子期必得之。子期死，伯牙谓世再无知音，乃破琴绝弦，终身不复鼓。

【原文】

君子交谊临水竹^①，达人襟抱当风兰^②。

【译注】

①君子交谊临水竹：君子宜结交有清水滋养的竹子一样品格的人。竹子青而有节，坚而心虚。

②达人襟抱当风兰："达人"，豁达豪放的人，通达事理的人。现代多用于指在某一领域出类拔萃的人物，在某方面很精通的人，即某方面的高手。"襟抱 (jīn bào)"，襟怀抱负。有所见识的仁人贤士的襟怀抱负应当如高风亮节如兰花那样，兰花处深谷而幽香依然。

辑自西递楹联。

【感悟】

做人要有"云水风度，松柏精神"。所谓"云水"是高如云、阔如水，有开阔的眼界以及"容纳百川"的胸怀。所谓"松柏精神"是指要像松柏一样根深叶茂、不怕风寒、不怕雨暴，遇到困难坚忍不拔、勇往直前。失意时不消沉，得意时不自傲。有了开阔的胸怀和坚强的意志，才能心情舒畅。

做人要有"兰竹品格"。兰，品格高洁，气节高雅，品德高尚。兰为王者之香，被看作美人香草，长于深山幽谷，或生于悬崖绝壁，吮自然之雨露，历宇宙之风霜，沐日月之光被，得天地之灵气，高雅素淡，独放幽香。不事权贵，坚定节操，志存高远，不入尘嚣，宁为兰摧玉折，不作萧敷艾荣。兰不论春夏秋冬，四季常青。叶含正气，花弃浮华，不娇、不艳、不妖、不冶，香气幽幽，似有似无，近之似无香味，远之香自传来。朱熹有赞：可能不作凉风计，获得幽香到晚清。兰，不争、不语、不媚、不显、不露，谦谦如君子，凛凛不可犯，包容博大，坦荡无私，香溢四海。孔子曰：不以无人而不芳，不因清寒而猥琐。气若兰兮长不改，心若兰兮终不移。与善人居，如入芝兰之室，久而不闻其香，则与之具化矣。

竹，非草非木，遍生各地，亭亭玉立，经雪不凋，四时常青。坚贞刚毅，挺拔清幽。一二株临窗，三五竿傍水，或竹树成林，或万竿碧玉。坦诚无私，朴实无华，虚心文雅，不苛求环境，不玄耀自己，默默无闻地把绿荫奉献给大地，把自己奉献给人民，为人们的生活平添情趣。明月如霜,好风如水,凉爽的闲庭中,翠竹依阶,挺拔劲节,清翠欲滴,婆娑可爱,既有凌寒傲雪的铁骨,又有翠色长存的高洁,以劲节、虚心、萧疏的个性,代表着不屈的气节、谦逊的胸怀和脱俗的品质。

【延伸阅读】

　　君子胸怀天地远,亮节操守白云高。时代需要德行高雅、虚心向上、坚持操守、澹泊自足、独立不迁的兰竹精神和君子品格。做人要从兰竹身上吸取道德的力量,借兰竹以养心,借兰竹以养性,借兰竹以颂德,借兰竹以传情。自觉地升华自身的人格信仰与精神境界,形成广泛的社会风尚、道德观念、美学思想、审美感情和精神追求。

【原文】

> 交友图益莫图利①,冤家宜解不宜结②。

【译注】

①交友图益莫图利:交友是为了增加自己的智慧而不是为了获取利益。
②冤家宜解不宜结:有仇的人应该和好,不应该继续结仇。
辑自徽州楹联。

【感悟】

　　要学会借用别人的智慧。能够发现自己和别人的才能,并能为我所用,就等于找到了成功的力量。聪明的人善于从别人的身上汲取智慧的营养补充自己,从别人那里借用智慧,比从别人那里获得金钱更为重要。善于发现自己和别人的长处,并能够加以利用,不嫉妒别人的长处,不护自己的短处,能够协调别人为自己做事,与合作人之间建立良好的信誉,是成功者的法则,也是人与人之间共同发展的主旋律。

【故事链接】

　　一个成功的商人,在处人方面也一定是非常成功的。胡雪岩认为"商道即是人道,人道即是商道"。只有这样融商道与人道为一体的商人才堪称后世楷模,只有这种人商合一的境界才可以说是商人的最高境界。胡雪岩深谙经商不只是简单的钱货交易。他看到的是钱之外的东西,并在此方面开动自己的商业智慧,为自己广开财路。他把古人说的"下君之策尽自之力,中君之策尽人之力,上君之策尽人之智"灵活运用。一个人竭尽自己的能力去完成一项事业,这是难得可贵的,亦必须那样去奋斗。但是,一个人仅靠自己的力量是不智的,必须善于借助一切可以借助的力量。胡雪岩就是这样把用人之道与取从之术结合起来,使人才各适其位、各尽其力,从而成就自己一代伟业的。

【延伸阅读】

胡雪岩交友

　　借势经营,帮人任势:帮助他人,强大对方,才能借势为己所用。因此,助人即助己,帮他人过河自己随之过了河。

　　驾驭时势,助人助己:人与人之间需要相互帮助,将心比心,真诚待人,才能打通人际关系,打好事业的坚实根基。

　　施惠于众,所费有得:经商就是与人打交道,原则虽然是唯利势图,但若给别人豪侠仁义的印象,对实现自己的商业目标是有非常大的帮助的。

【原文】

淡泊明志①,和蔼近人②。

【译注】

①淡泊明志:不追求名利才能使志趣高洁。
②和蔼近人:"和蔼",和善,态度温和,容易接近。与人交往态度和善。
辑自徽州楹联。

127

交友金言

【感悟】

　　心情枯寂无聊之时,便幻想着有朋友款款而来,不谈官海浮沉,不谈物价升降,不谈经商之道,不谈他人隐私,乘兴而来,尽兴而去,真是人生一大快事。

【故事链接】

　　黟县宏村承志堂主人、清末民初时汪定贵,在九江经营糖盐致富。他谦虚待人,广交朋友。他说:"五谊并重,广交良缘。""五谊"指族谊、戚谊、世谊、乡谊、友谊。他经商所至沪、杭、九江、安庆、芜湖各地,交游甚广,政界汪庆辰,商界舒法甲、查邦达,古黟画家汪正泉等都是他的朋友,对振兴商业及丰富他的文化生活方面,都有助益。

【延伸阅读】

　　真正的朋友,不必多么风雅,但不能牢骚满腹;真正的朋友,无所求,亦没有任何附丽;真正的朋友,能让你独而不孤,活得更加温暖。

【原文】

花月联知己①,诗书结静缘②。

【译注】

①花月联知己:与知心朋友一起吟花赋月,花月风景把朋友联系在一起。
②诗书结静缘:与诗书为伴,幽雅恬静。
辑自宏村书室联。

【感悟】

　　闲暇时,读书作文以自娱,流连山水以怡情,结交官绅以为荣,品评书画以为尚,以忠孝节义为人生准则,所有这些无不体现了徽商追求儒士风雅以获心理平衡之特点。

【故事链接】

　　徽商足迹遍及全国各地,经商之余,名山大川便是他们驻足流连之处,触景生情时,少不了还会题诗抒怀。黟商胡春帆承先业出入江湖,"舟车往返,必载书箧自随。每遇山水名胜之区,或吟诗,或作画","饶有雅人深致,与庸俗市侩不类"。正是由于他们具有诗人般的情怀,所以每到一处,经营之余,或登高望远,或游湖荡水,体味儒士般的风雅。

【延伸阅读】

　　书室联是张贴或悬挂于书室、以读书治学为内容的楹联。一方书室,幽雅恬静,充溢书卷气,飘散翰墨香,给人以静心读书、求知博览的美妙环境,而书室联更是给书室增添文化品味和书香气息。古往今来,不少书室联具有较高的楹联艺术水平,不仅对仗工整,韵律和谐,而且富有诗情画意,具有一定的境界和意趣,耐人品读。环境幽雅好读书。大凡书室的设置,都要选择清静,注意周围环境的协调,尽可能融入大自然,以利于愉悦身心,避免外界纷扰和自身杂念。因而,有些书室联便以环境入题,抒写环境与读书的关系。诸如,"花月联知己;诗书结静缘。""窗开千里月;砚洗一溪云。""聊收静者趣;且读古人书。""扫几清风作帚;开窗明月为灯。""雨余窗竹图书润;风过瓶梅笔砚香。"这些与花、月、风、云、梅、竹为邻的书室,给人一种怡然自得、赏心悦目的感觉,平添读书的兴致和乐趣。

【原文】

> **座上客常满,杯中酒不空。**

【译注】

　　友朋满座,宾客盈门,酒杯不空,酒香四溢。

129

交友金言

【感悟】

座上客常满,说明朋友多,朋友多了路子就多,路子多了资源就多,资源多了办事的根基就实,成功率就高。一个篱笆三个桩,一个好汉三个帮,也是这个道理。有道是:主雅客来勤,杯中酒不空。

【故事链接】

明代兴起讲学聚会风气,在此风气之下,拥有雄厚财力的徽商自然不甘落后,经商之余,举办各种聚会。他们聚会目的或延请官府,或联谊同乡,或结纳名士,彼此吟诗唱和,摆出一副风雅之势。延请官府,便于其经营;联谊同乡,利于其建立市场网络;结纳名士,可提高其声名。如清名士袁枚《随园诗话》称:"淮南程氏,虽业盬笑甚富,而前后有四诗人。一风衣,名嗣立;一夔州,名崟;一午桥,名梦星;一鱼门,名晋芳。"袁枚是清代文坛泰斗,受他称赞,声名自然就不同凡响。如此名利双收,徽商何乐而不为?

【延伸阅读】

只有成为一个值得依靠的人、宽厚仁和的人、重情重义的人、令人敬慕的人,才能"座上客常满,杯中酒不空"。绝不是拉拉扯扯,吃吃喝喝。现实生活中,也确实存在一些为官者,天天泡在酒桌上。其中原因多种多样,有的是从事的接待工作就不说了,而有的人整天无所事事,只想哪里又新开了一家饭店,哪里又推出了新菜?闲着没事,叫上几个人昏天黑地喝一通;还有的是自己求人办私事,公款吃喝;有的超标准大吃大喝,一顿饭吃上几万元;更有甚者借吃喝之机,大行腐败之举。凡此种种,即使座上客常满,也会为世人所不齿。

【原文】

座有谈经客①,门多问字车②。

【译注】

①座有谈经客:来做客的人有切磋儒家经典的,意为来的客人都是高雅之士。

②门多问字车：登门的客人大多是来求教的，意为自己学识渊博。

辑自徽州楹联。

【感悟】

应交有品位的朋友。要想成为什么样的人，你就要选择跟什么样的人在一起。你要变得积极，就要找比你更积极的人在一起。无论你是飞黄腾达，还是穷困潦倒，只要选择和比你优秀的人在一起，当你落败时，他会帮你检讨总结，为你加油助威；当你成功时，他会提醒你，重新给自己定位。人生的定义不仅仅在于超越别人，最重要的是要超越自己！

【故事链接】

长期以来在人们的观念中，商人都是不识诗书、只知角逐蝇头狡狌低俗之人。徽商好读书喜交友，喜好琴棋书画，精通音律，谈史论诗，追求高品位生活，自是令人刮目相看。徽商余光徽，"嗜学筹算，余闲恒坐书城"，长久以往，其见识风度自是过人。他曾手书谕其子说："为学当修养身心，艺术为次。畀以《阳明先生全集》，谓读此即知即行，实瘳世用。"名儒潘文熊闻说佩服万分："若翁具此见解，非读书有得者不能道。"这些徽商具备了儒者的远见卓识，让人刮目相看。

【延伸阅读】

"谈笑有鸿儒，往来无白丁"

我们常常追求情趣高雅，每个人都可以有自己独特的品味，别人无法理解，也难以模仿。什么才是有品味，刘禹锡诗就为品味做了另一番注解，生活的清贫绝不妨碍精神的富有，拥有高尚的情操与宽广的胸襟，就拥有了丰富多采的精神广场。他只有一座称为陋室的小草屋，装饰小屋的是屋前的苔痕和草皮。但它的主人有着芳香馥郁的"德"，有着富于诗意的审美化的生活情趣。他在屋内安静地读经，悠闲地弹琴；而他最得意的是进屋来的客人，都是渊博的学者，没有粗俗的人，都是既博学又鸿儒，大家在一起谈的，颇具文化意味，隔帘遥望，并不是看到了远处的青草，反而好像是远处的青草有意地将其沁人心脾之色送入门帘之中，一片青苔，一抹草色，一缕清风，一阵蛙鸣，都有了几分圣洁的意味。

【原文】

午枕听儿吟好句^①,晚窗留客弄残棋^②。

【译注】

①午枕听儿吟好句:中午躺在床上听孩子朗朗读书,那些优美的语句让人心旷神怡。

②晚窗留客弄残棋:旁晚还拉住客人不让走,借着窗户透进的光亮与客人继续下棋。

辑自徽州楹联。

【感悟】

徽商重儒的特色,使他们不同于一般的商人,他们有较高的文化水平,崇尚儒雅的生活方式。

【延伸阅读】

"闲适人生"

闲适,也许是中国人独到的一种生活方式,浸透着中国人对完满人性的理解和品味。它反映了一种从容不迫的生活态度、修身养性的人生状态,以及自我满足的个人选择的结合。闲适人生是自我享受、自我陶醉的一种方式。它所追求的是人心理的一种彻底的放松,身心极度和谐,生活非常舒服闲散。从这个意义讲,闲适是和紧张、压力、复杂和焦虑相对的。闲适人生有多种多样的乐趣。饭后一支烟,在烟雾缭绕中静思默想,细细品味自己的爱好;或者出去散步,无忧无虑,任意而行,人随脚便、脚随心便,一副悠悠自得的神态;或者心不在天高地广,而在于鸟兽虫鱼,养一缸鱼,随意而观,看它们前后追逐,左右戏异,不由得心有所动,也是一种境界。再比如品茶、啜酒、哼京调、搓麻雀、猜谜语、下棋、养鸟、看戏、午睡、深呼吸、玩字画,等等,无不充满生活的情趣和快乐。闲适实际上是一种高雅的活法,把人生看作一种消遣、一种享受,而不是拼搏和竞争。闲适也不等于无聊或者没事找事,按照林语堂的说法,闲适是中国人性灵的一种表现。换句话说,真正的闲适人生来自于人心智的一种艺术活动,是一种人生品味。有了美的性灵,有了高雅的品味,你才能在各种生活中找着风韵,体验到雅致、柔和和亲昵,才能享受闲适的快乐。

十一、谨 防 小 人

【原文】

> 待小人宜宽^①,防小人宜严^②。

【译注】

①待小人宜宽:对待小人不妨宽容大度一点。

②防小人宜严:防范小人对自己的伤害应该严格一点。

【感悟】

　　我们会遇到有人不断和你作对,这是人生中最普遍的情况,无从避免。只要问心无愧,大可从容自在。王蒙说:"一切从远景看,一切个人的嫉恨怨毒,一切鼓噪生事,一切签名告状也好,流言蜚语也好,棍子帽子也好,在一个大气候相对稳定的情势下,作用十分有限,可能起的是反作用。你见怪不怪,其怪自败。"我们常常会抱怨遇到小人,无论事业或者生活,常会有搞乱和干扰的,这有必然性。这些人未必就怎么坏,无非以为你不好了他就会好。遇到这种情况不必忧虑,你自己立得住,处事清醒周全,搞乱应该有限。古语说:"待小人宜宽,防小人宜严。容得几个小人,耐得几件逆事,过后颇觉心胸开豁,眉目清爽。"

【故事链接】

　　贼是小人,智过君子。在这个世界上,许多极坏的事,其实都是有本事的人做出来的。事实上,小人确实做不出也做不成可以让人注意的好事,但做出的坏事能够彻底葬送掉费尽千辛万苦打下的江山。胡雪岩就是受小人之害最烈的一个。他的钱庄的最后倒闭,一半是因为时势,一半也是受那位一心想着自己也有一番"鲜花着锦"的事业,却拿东家的银子"做小货"的小人宓本常之害;他的那么庞大的典当生意——他的典当一年的收入按"架本"估算,至少可达四十五万——却没有为他带来太大的帮助,就是因为他的那帮类似小人唐子韶之类的"小人朋友"的肆意侵吞。不对小人设防,就有可能受小人之害。

【延伸阅读】

为人的十五种好方法

1.说话要用脑子,做事慎言,话多无益,嘴只是一件扬声器而已,平时一定要注意监督、控制好调频旋钮和音控开关,否则会给自己带来许多麻烦。讲话不要只顾一时痛快、信口开河,以为人家给你笑脸就是欣赏,没完没了地把掏心窝子的话都讲出来,结果让人家彻底摸清了家底,还偷着笑你。

2.遇事不要急于下结论,即便有了答案也要等等,也许有更好的解决方式,站在不同的角度就有不同答案。要学会换位思维,特别是在遇到麻烦的时候,千万要学会等一等、想一想,很多时候不但麻烦化解了,说不准好运也来了。

3.对小人一定要忍让,退一步海阔天空,实在不行把属于自己的空间也送给他们,让他们如莺歌燕舞般陶醉吧。俗话说大人大度量,不把俗事放在心里;小人鼠肚鸡肠。惹着小人就等于惹了麻烦,天底下顶数小人惹不起。

4.这世道没有无缘无故的爱,也没有无缘无故的恨。不要参与评论任何人,做到心中有数就可以了。所谓盖棺论定的道理多简单,就是有些操之过急。谁也没有理论依据来鉴定好人与坏蛋,其实就是利益关系的问题。

5.做事情一定要事先设立道德底线,小偷也清楚有些东西是绝对不能偷的。所以说事情万万不可做绝,落井下石的事绝对不要干,给别人让出退路就等于自己前进了。

6.对于那些经常找你麻烦甚至欺负你的人,能忍则忍,没必要时刻与莽夫过不去,但一定要给他攒着,新仇旧怨积累起来,正义和真理就属于你了,那么瞅准机会一定要彻底教训他一次。

7.只有花掉的那部分钱才是真正属于你的财富,你就是腰缠万贯,生时舍不得吃、舍不得穿,俩眼一闭,剩下的钱你知道谁花了才怪,冤不冤。还有那些省吃俭用的贪官,好好的高官不做,结果因贪返贫,一分钱没花着还搭上个人财产全部没收,惨不惨。千万不要贪那不义之财,如果你真的缺钱了,而你又有技能,做兼职赚点外快。

8.明枪易躲,暗箭难防,背后算计你的小人永远不会消失,这是中国特色。小人不可得罪,同样小人也不可饶恕,这是万世不变的真理。说到底小人也有心小的一面,对待这种人手法要稳准狠。你可以装做什么也没发生,天下太平,万事大吉,然后来个明修栈道,暗渡陈仓,以毒攻毒,让小人知道:小人也不是谁都可以做的,做好人要有水准,做小人同样有难度。

9.对待爱你的人一定要尊重。爱你是有原因的,不要问为什么,接受的同时要用加倍的关爱回报,但是千万不要欺骗人家的感情。爱是最珍贵的财富,这是你用钱买不来的财富。不要让事业上的不顺影响家人,更不要让家庭的纠纷影响事业。那样做很不划算,家人和事业都受影响,甚至损失。男人要善于扛事,要把眼泪咽下去。记住:轻视人家付出的情感就等于蔑视自己、玩物丧志、玩人丧德。爱人是一种美德。

10.背后夸奖你的人,知道了要珍藏在心里,这里面很少有水分。当面夸奖你那叫奉承,再难听些叫献媚,你可以一笑而过,就当什么也没发生,也许人家不久就有求于你。要掌握一条原则:逢人多贬自己,少夸别人,选先评优的时候除外。

11.有些人习惯了占你小便宜。小人小肚肠,大人大度量,有机会坑他一把大的,让他出一次大血,同时让他记住:天下根本就没什么免费的午餐,哪有白拣的便宜让你赚。小恩小惠攒多了就是一个大窟窿,只要接受就一定要找机会回报,行下春风望夏雨,付出就是为了收获,其实就是一个简单的种子与果实的关系。千万别让天真给害了,记住:人生如戏,都在寻找利益的平衡,只有平衡的游戏才有可能玩下去。

12.患有心理疾病的人是不负法律责任的,可以没有理由地咬你一口,所以对待疯狗级的人物要敬而远之,保持不来往、不交流。退一步海阔天空。相信疯狂也是一种人格,疯狂的人虽不值得尊重,但自有其存在的道理,生物链少不了这一环。

13.做一个人生的观光客吧,说到底只要与人为善、以德服人,离是非远点,靠家人近点,便有了心安、有了惬意。乐观的心态来自宽容、来自大度、来自善解人意、来自与世无争。坏心情是失眠时折磨出来的,其实现实并没有你想的那样糟糕;生命有高峰也有低谷,根本没有一帆风顺的人生。

14.所谓的缘分无非只有善恶两种,珍惜善的,也不要绝对排斥恶的。相信擦肩而过也是缘吧。全世界近60亿人口,碰上谁也不容易,所以遇到恶缘,也要试着宽容,给对方一次机会,不可以上来就全盘否定。

15.待人接物要摆正自己的位置,不可以老把自己当人物,老拿自己当领导,老把自己当富翁,老以为自己是情圣,老是自我感觉良好。即便真是小有作为、业绩斐然,也要谨慎,要虚怀若谷,要大智若愚。其实人的最终结局都是一样的,只是你把自己看复杂了。说句俗话:千万别把自己当回事。

【原文】

宁可得罪君子^①,切莫得罪小人^②。

【译注】

①宁可得罪君子:如果在为人处世中可能会得罪人,宁可得罪是个德行高尚的人。

②切莫得罪小人:平时工作生活中千万不要得罪品行低劣的人。

【感悟】

君子不争,党而不群,心胸开阔,目光长远,不会斤斤计较。君子坦荡荡,你可以拒绝他的要求,他微微一笑,知道你有难处,十分理解。君子有缺点,你指出来,他感谢不尽。与君子交朋友,可以袒露心扉,不用有戒心。

小人逐利,结党营私,目光短浅。小人记仇,报复心极强,而且深深埋藏在心底,甚至深入骨髓,须臾不忘,等到机会已到,立刻跳出来,睚眦必报。

君子是有道德修养的人,他不会与你去计较什么。你得罪他了,他最多就是不与你交朋友了,而不会做出伤害你的事;小人损人利己,你不得罪他,他都要损伤你,你得罪他了,他什么事都干得出来。

对小人,要么敬而远之如避鬼神,要么置之死地,让其永不翻身,以绝后患。君子报仇,十年不晚。

正身、正己、正思想、正风气,正气凛然,就没有小人的立足之地。君子一身正气,小人没有施展伎俩的市场,他要么转变成君子,要么卷铺盖走人。

【延伸阅读】

"君子与小人"

"宁可终岁不读书,不可一日近小人。"

"待小人要宽,防小人要严。"

"休与小人为仇,小人自有对头。"

"君子为目标,小人为目的。"

"君子立恒志,小人恒立志。"

"君子坦荡荡,小人常戚戚。"

"门内有君子门外君子至,门内有小人门外小人至。"

【原文】

祸在于贪小利①，害在于亲小人②。

【译注】

①祸在于贪小利：给自己招来大祸的往往是从贪图小利开始的。

②害在于亲小人：给自己带来灾难在于亲近卑鄙小人。

【感悟】

诸葛亮《出师表》曰："亲贤臣，远小人，此先汉所以兴隆也；亲小人，远贤臣，此后汉所以倾颓也。"而在网络时代常听到的一句话是："人在在江湖飘啊，哪能不挨刀。"人在江湖飘，必须要面对三种人。一是小人，二是贤臣，剩下的一种就是介于小人和贤臣之间的那种左右逢源不好也不坏的人。小人，是相对于君子而言的。我们常说，"君子坦荡荡，小人常戚戚"，小人行事总是偷偷摸摸，让人觉得可怜可鄙又可笑。如果小人既行小人之事，表面上还要做出坦荡的样子，当属小人中的极品，是真小人。对付小人，既要有一定的原则，还要有一定的策略和技巧。首先要居安思危，勤于检点，让小人无机可乘；其次是处变不惊，从容镇定，能以不变应万变。再者是胸有成竹，进退自如，进则必胜，一剑封喉；退则能忍，海阔天空。

【故事链接】

徽商注重诚信，讲求商业道德，他们认为商家与顾客的关系是互惠互利、相互依存的，如果一时贪图小利或敲诈顾客，虽然能给自己带来暂时的利益，却毁坏了双方长期合作的基石。徽商将商誉看作商品价值的一部分，他们认为树立起良好的商业信誉，并以此获得顾客的充分信赖，这才是商业兴旺发达的保证。因此，徽商大多通过长期艰苦的努力去建立起良好的商业信誉，并极力维护这种信誉，视之比金钱更宝贵。以茶商为例，经营外销茶的徽州茶商为了确保商品的质量，从毛茶的收购、茶叶加工，到最后的成品包装，都十分下工夫。茶商在收购茶农的毛茶时十分看重质量，收购的毛茶要细嫩、紧结，碰到死茶、烂茶、断折、红蒂等现象较多的毛茶即拒绝收购。

【延伸阅读】

"惩大贪要狠,治小贪要严"

在社会上不少人对"小贪"之害不以为然,他们认为,与"大贪"们相比,"小贪"无关痛痒,只是局部利益受损,无伤大碍。殊不知,小贪是大贪的种子,一旦有了足够的土壤、水分、温度等条件,必然发展成大贪。况且"小贪"者数量巨大,他们的累计,足以使我们社会整个机体百病入身、积重难返。"小贪"之害的严重性,犹如"千里之堤,毁于蚁穴"的道理,不可小觑。

如果把一个国家比作堤坝,大贪就犹如"山洪",有着巨大的冲击力。而"小贪"则是堤坝之上的蚁穴,随着时间的推移最后也会形成堤坝的裂缝。在惩治大贪的同时也要及时并严厉惩治小贪。惩大贪要狠,治小贪要严。在屡反屡腐的现实面前,反腐部门应当考虑一下,大事固然要做,但有时认真做一些必要的小事,可能会收到意想不到的效果。

【原文】

结君子千年有义①,交小人转眼无情②。

【译注】

①结君子千年有义:与品德高尚的人结交,友情长存。

②交小人转眼无情:与品格卑劣的人结交,一旦遇到利害冲突,他转眼就会绝情绝义。

【感悟】

真正认识你的人,除了你的朋友,就是你的对手。所以要重视对手,因为他最早发现你的过失;要感谢你的对手,因为他使你强大起来。

139

【延伸阅读】

君子与小人

君子讲道义,小人讲势利;君子爱讲正理,小人总说歪理;君子言行一致,小人阳奉阴违;君子追求和谐,小人存心捣乱;君子严责自己,小人暗算他人;君子总在明处,小人常在暗处;君子不记人过,小人与人交恶;君子唯理是求,小人拉帮结派;君子顾全大局,小人只顾己私;君子顾及脸面,小人不计影响;君子老实做事,小人尖酸刻薄;君子襟怀坦荡,小人鼠肚鸡肠。君子适可而止,小人揪住不放。君子温和如三春暖风,小人阴险如冬日严霜。

先辈对于君子和小人有详细的论述和精辟的解释:

——君子寓于义,小人寓于利。

——君子怀德,小人怀土;君子怀刑,小人怀惠。

——君子和而不同,小人同而不和。

——君子周而不比,小人比而不周。

——大海波涛浅,小人方寸深。

——易涨易退山溪水,易反易覆小人心。

——义动君子,利诱小人。

——祸在于贪小利,害在于亲小人。

——德胜才为君子,才胜德为小人。

——休与小人为仇,小人自有对头。

——待小人宜宽,防小人宜严。

【原文】

君子乐得做君子①,小人枉自做小人②。

【译注】

①君子乐得做君子:君子纵然境遇不好,内心却是坦然的。所以,君子乐得做君子。堂堂正正做君子,做大善人,是福慧双修、明智之举,是真正幸福安详的阳光道。

②小人枉自做小人：小人如果有良知良能可以当君子，但不去做君子做的事情，做出违背你本性的事，只能徒然去做小人。不安本分，希求用种种不正当的手段、非法的手段，来获得自己的利益，来获得自己的名利，这就是小人行径。

辑自徽州楹联。

【感悟】

"君子坦荡荡，小人常戚戚"、"君子群而不党，小人党而不群"、"君子欲讷于言而敏于行"，这些都是孔子教导学生的话。人们心中的"君子"，是个谨言慎行、光明磊落、沉静稳重，却勇于承担的人。反之"小人"则不然，他们逢迎诌媚、争功诿过、胆小怕事，却善于伪装，他们的所言所行，恰恰是正人君子所不齿的。因此"君子"和"小人"根本无法同处一个空间，因为他们意见不同、观念相左、言行相悖，所以同一件事情，发生在价值观完全不同的人身上，可以想见会产生多大的摩擦与争端了。不幸的是，这个世上的君子固然很多，而小人也无所不在。小人就像打不死的蟑螂，可以在任何艰难的环境中存活。因此，一旦牵连受累了，怨恨不平又如何？徒增伤害于事无补。既是"坦荡荡"，就不妨乐得做个君子，公道自有评断，小人行径就任由他去吧！

【延伸阅读】

"君子与小人"

君子不会诋毁他人，可是小人习惯于诋毁别人；

君子不会跟人耍伎俩，可是小人习惯于用自己的度量去丈量别人的度量；

君子不会小看任何人，可是小人一向喜欢小看别人；

君子因为行的端坐得正，所以不会在意别人的眼光和看法，而小人恰恰相反；

君子不会装清高，可是小人看不惯品行比自己高的人；

君子的行为有了过错，小人就会因为嫉妒而不肯放过；

君子的行为没有过错，小人也会因为嫉妒而不能容忍；

君子因为心中友善，所以善言善行感召善人；

小人因为心中不善,所以恶言恶行感召恶人;

看到别人行善就学习、听到别人不善就自省,这是一心向善的君子所固有的心态;看到别人行善就怀疑、猜测别人不善就相信,这是满腔杀机的小人才会有的心态。

十二、知 恩 图 报

【原文】

施惠勿念①,受恩莫忘②。

【译注】

①施惠勿念:对别人做了好事不要去念叨,要把它忘掉。乐善好施,不求回报。

②受恩莫忘:受了别人的恩惠应该永不忘怀,要知恩图报。受人之恩,牢记在心。

【感悟】

"善欲人见,不是真善。"真正的善举,是默默无闻的奉献,是不求回报的付出,是道德修养极高的一种体现。"受人滴水之恩,当以涌泉相报。"知恩图报的人,对于别人对自己的好处,会时刻记在心上,并选在适当的时候予以报答。

【延伸阅读】

无论你在哪里,只要你有一颗感恩的心,你会感觉世界原来是那么美好。父母亲对你的养育之恩要感恩,以后要好好孝顺父母;师长朋友对你的关心爱护要感恩,滴水之恩当涌泉相报;陌路上伸出手帮助过你的人要感恩,如有需要你也应该伸出援助的手。

感恩是一种心态。一个人如果常存感恩之心,就会保持积极良好的心态,对自己的所得感到满足,而不会过多地挑剔;对自己的所失也会处之泰然,而不会

过多地失落;对自己的付出会感到自然,而不会认为是吃亏。

感恩,不仅是一种心态,也是一种胸怀,更是一种美德。

【原文】

施恩不求报①,与人不追悔②。

【译注】

①施恩不求报:"施恩",给予帮助或好处。布施给他人的恩惠,绝对不求回报。

②与人不追悔:赠送给他人的财物,也绝对不后悔。

辑自徽州楹联。

【感悟】

人的烦恼就12个字:放不下,想不开,看不透,忘不了。

德以修身,不为示人。人知人不知,德恒在。品德不是用来给他人看的,也不是为了博得他人的信任,而是自己所拥有的一种特质;其用为何,不为何,特质而已,心所好。现在于品德,更多的是一种倡导。还要使人了解的是,做好事不一定就有好处,也不是为了好处,而是为了心安;要说报酬,能够帮助他人,本身就是一种报酬。

【故事链接】

胡雪岩与人交往处处为对方着想,胸襟宽阔,豁达大度,不计个人小怨。胡雪岩年轻时,因为擅自借用钱庄银子去资助王有龄,从而被钱庄主管解雇。等到王有龄做了官,有了钱来还贷后,胡雪岩并没有因此而"扬眉吐气",来报复钱庄主管解雇自己的一箭之仇,反而委屈了自己、保全了别人。由于其居心仁厚,这位钱庄主管后来成为胡雪岩生意场上的朋友。当遇到十分棘手的"敌人"时,胡雪岩也是尽量"只拉弓,不放箭";当"敌人"知难而退后,心里明白是胡雪岩手下留情,便会心存一份感激。

【延伸阅读】

布施恩惠,不求回报;赠送给他人后,不再后悔。施人恩惠要求回报,这是贪心还未忘掉;赠送了又后悔,这是吝啬心还没有化除。

【原文】

勿以小嫌^①疏^②于戚,不以新怨忘旧恩。

【译注】

①小嫌:小仇隙,小嫌疑。

②疏:不亲密,关系远的,疏远。

不要因为小小的嫌隙而疏远至亲的亲人,也不要因为新的仇怨而忘记过去的别人的恩情。不要因为小小的嫌隙跟至亲伤了和气,那就是意气用事。跟所有的亲友也不能因为小小的冲突,就把人家几十年对你的协助与恩情都忘得一干二净。

辑自徽州楹联。

【感悟】

一个人不要因为一时的利益、一时的摩擦,就疏远对我们很重要的人。现在人干这种事的多不多? 一吃点儿亏,脾气马上就上来,因为一些小小的怨恨就忘记了几十年的恩德。人和人之间的关系从没有一帆风顺,都要用心去经营,亲友之间往往也如此。因为你们接触的机会最多,也是表现自己最全面的一对人,很多在外人面前没法表现的东西,都会在最亲的人面前表现出来,所以更要去注意自己的方法和态度。因为你们亲近,所以伤对方也会伤得最重。最关键的是,就是有了矛盾之后,一定不能把以前的好通通都抹掉。很多人都容易因为发生了一次冲突,就把对方想得很坏,以至让自己和对方都活在怨恨中,这不仅解决不了问题,而且还会越来越伤感情。在有矛盾的时候,想想彼此好的一面,多站在对方的角度去考虑问题,什么样的坎都会过去。

【延伸阅读】

"不意气用事,向远处看"

一般来说,在与人交往过程中,使自己生气的事,都是触动了自己的尊严或切身利益的,很难一下子冷静下来。所以,当你察觉到自己的情绪非常激动,眼看控制不住时,可以及时采用转移注意力等方法自我放松,鼓励自己克制冲动的情绪。在某些容易惹人生气的特殊情况下,不可意气用事,不要冲动。因为在缺乏周详考虑的情况下,头脑一发热,做事不加思考,极容易出事端,草率地做出伤害自己和伤害别人的事。要想很好地操纵自己的情绪,请远离冲动,不要草率地作决定,因为人一旦发怒,就会忘记一切,失去理智,错过解决问题和冲突的最好时机。人在愤怒的支配下,往往会伤害别人的感情和尊严,这样做,也会给自己带来不好的影响。所以,请远离冲动,让自己平和地面对一切。

十三、善于借力

【原文】

四时佳景①，满座高朋②。

【译注】

①四时佳景：一年四季都有绝佳的风景。

②满座高朋："高"，高贵。高贵的朋友坐满了席位，形容交际广泛，宾客盈门。

辑自徽州楹联。

【感悟】

在读书交友过程中，徽商更领悟到经商之道。读书利于交友，交友更促进读书，读书交友促使徽商完善经营。读书、交友与经营三者在徽商身上得到了统一。读书交友便成为众多徽商所崇尚的休闲活动之一。

【故事链接】

徽商方用彬在经商过程中，结交了包括政府官僚、文人士大夫、缙绅商贾等等各界朋友。那么方用彬这位名不见经传的儒商是怎样认识这么多不同地区、不同社会地位的人物的呢？或者用现在的话来说，他是怎样建立这样一个广泛的交际网络的呢？要知道在当时交通、通讯都远远不如今天发达。除了方用彬本人喜好交游而且文学书画无所不通外，他的同宗同乡关系给了他许多接触不同人物的机会。

【延伸阅读】

读书,提高了徽商的生活品位,增强了他们经营能力,促使徽商儒贾结合。交友是儒家所提倡的为人处世方式之一,"有朋自远方来,不亦乐乎"这句话成为徽商交友的座右铭。交友,使徽商不断扩大交际圈,为徽商带来了信息和客源,也体现了徽商作为儒商的处世风范。

【原文】

一人之智不如众人之愚,一目之察不如众目之明。

【译注】

①一人之智不如众人之愚:一个人的聪明,比不上许多即便是所谓愚笨的人一起思考;

②一目之察不如众目之明:一个人的明察秋毫,比不上众多人一起观察。

一只眼睛观察到的,不如双眼观察的清楚;一只耳朵听到的,不如双耳听得清楚。集体的智慧胜于个人的力量。一人之见,总比不上众人相合一致的意见强。个人的聪明才智不及集体的智慧与见识。

【感悟】

个人的智慧再高超,也会有盲点和误区,所以,个人必须海纳百川、兼听则明,才可能"智"。简而言之,就是面对问题,大家的意见是要听的,意见是需要广泛征求的,但有了充足的信息与依据后,决策者需要果敢、决断地做出结论,同时针对主要矛盾拿出解决方案并付诸实施,这样则天下无难事。

俗话说"一个好汉三个帮",满脑智慧的个人纵然有再伟大的计划,没有支持和配合的团队在现代社会是很难实现成功的。然而,一个没有果断决策者的无序的团队终究难以成大事,所谓"群龙无首"正是这个意思。所以,二者相互平衡、合理分配,也许才是最佳选择。

【延伸阅读】

"善借外力"

人类自从走上文明之路时起,便一直在寻求借势、借力的办法。我们知道,在做事时,不是每件都是随人所愿的,事与愿违是常有的事。原因之一是你还没有足够控制它的能力,二是你还没有摸清它的特点。聪明人能够在"借"字上下工夫,积极主动地去寻找"跳板",借助各种力量,从而在商场上左右逢源、无往不利。

善借外力的人易成功,借别人的力量、金钱、智慧、名望甚至社会关系,用以扩充自己的大脑,延伸自己的手脚,提高赚钱能力,正所谓借他人之光照亮自己的"钱"程。

【原文】

给人一活路①,给己一财路②。

【译注】

①给人一活路:"活路",能够生活下去的办法。给商业上的竞争对手有生存下去的机会。

②给己一财路:"财路",生财的门路,增加经济效益的办法。为自己留下一条发财的门路。

胡雪岩语录。

【感悟】

生意场上,胡雪岩可谓雄踞一方,其财力势力绝对有着置人于死地之能力,然而很多时候即使胡雪岩有理由有能力整垮对方,也都采取中和的方式将问题解决,这就是胡雪岩常说的"将来总有见面的日子,要留下余地,为人不可太绝,给人以活路,给己一财路"。不抢人之美是胡雪岩为人处世方式的

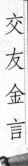

交友金言

基本准则,这样既没有得罪同行,又博得了同行衷心的好感,在同业中声誉更高。他一直恪守这一准则,日益巩固着自己在商界中的地位,从而为自己带来更长远、更巨大的商业利益。

【故事链接】

　　胡雪岩常对帮他做事的人说:"天下的饭,一个人是吃不完的,只有联络同行,要他们跟着自己走,才能行得通。所以,捡现成要看看,于人无损的现成好捡,不然就是抢人家的好处。要将心比心,自己设身处地,为别人想一想。"胡雪岩准备开办阜康钱庄,当他告诉信和钱庄的张胖子"自己弄个号子"的时候,张胖子虽然嘴里说着"好啊",但声音中明显带有做作出来的高兴。为什么呢? 因为在胡雪岩帮王有龄办漕米这件事上,信和钱庄之所以全力垫款帮忙,就是想拉上海运局这个大客户,现在胡雪岩要开钱庄,张胖子自然会担心丢掉海运局的生意。为了消除张胖子的疑虑,胡雪岩明确表态:"你放心!'兔子不吃窝边草',要有这个心思,我也不会第一个就来告诉你。海运局的往来,照常归信和,我另打路子。"张胖子不太放心地问:"你怎么打法?""这要慢慢来。总而言之一句话,信和的路子我一定让开。"既然胡雪岩的钱庄不和自己的信和抢生意,信和钱庄不是多了一个对手,而是多了一个伙伴,自然疑虑顿消,转而真心实意支持阜康钱庄。在胡雪岩以后的经商生涯中,信和钱庄给了他很大的帮助,这都要归功于他当初没有破坏了同信和生意的那份情谊。

【延伸阅读】

　　为人处世,不要将事情做绝了,给别人留有余地,实际上也是给自己留有余地。一个人在长长的独木桥行走,他边向前走边用锄头砸坏身后的桥,他不想给别人留下路。但是,坏事发生了,前面的桥被洪水冲断了,他再想折回时身后早已无路。于是,他被困在了桥上。一个背着行囊的人爬上了一座岔路很多的山,他边走边用石头在路边留下记号,为别人也为自己。后来,他的面前出现了一道悬崖,但他靠着自己留下的路标,安全地返回到了原路。同样是行路之人,为什么结果却大相径庭? 原因很简单——后者为他人更为自己留下了一条后路,而前者则是自欺欺人、自食其果。其实,不管是行路还是做别的事,都应该留有余地,给别人留后路就是给自己留后路。

【原文】

凡与人交接①,务宜察言观色②,必要避恶向善。

【译注】

①"与人交接",与人交际往来。

②"察言观色",观察言语脸色,以揣度对方的心意。

凡与他人往来,就应该察言观色,一定要分辨善恶,是善良之人就与之相交结,是险恶之人就避而远之。

辑自徽商《士商规略》。

【感悟】

透过"眼神"辨人心。察言是很有学问的技巧。每个人都喜欢懂事、善事的人。那些会做事的人并不是天生就会的,都是通过后天生活的经历磨炼而生;从对方的表情、面相、打扮、动作以及看似不经意的行为,敏锐细致地观察,可在第一时间掌握对方的意图,了解对方的内心世界,从而随机应变,做出正确的反应。

保持心态的沉静,提高警惕的心态。这里警惕心态指的不是什么都敏感,而是对待一些陌生、敌意或者骗子等社会人物的一种抵御防范心理。不要在别人的地方先开口,不要说不必要的话,言多必失。

察言观色,绝不是要我们明着一套、暗地里一套,如果我们心底里以为察言观色就是阳奉阴违的话,势必不能灵活使用这种方法。其实,这是一种能力和习惯,是我们顾及别人感受的表现。相反,我们要克服的恰恰是不顾及别人的想法,有什么说什么的坏习惯。

【延伸阅读】

读懂对方心理

察言观色是一切人情往来中操纵自如的基本技术,需要敏锐的观察力来解读对方心理。

在解读他人心理时,重要的不只是他说了些什么,更要紧的是他怎么说。

151

交友金言

光是我一个人有本事也不行，牡丹虽好，绿叶扶持。

【译注】

"牡丹虽好，绿叶扶持。"牡丹虽好，也要有绿叶衬托才能显现出牡丹的雍容华贵来。常用来比喻某事或某人虽然光艳四射，也要有其他某物或某人依托才行，离开了依托，就没有那种荣耀了。

光有我一个即使有天大本事也不足以做成一切事情，不管有多大能耐，总得有人在旁协助。

【感悟】

一个商人，往往都是在众人的帮助下，才发展起来的。徽商的和谐精神首先表现在一个个商业团体中。他们知人善任，因材器使；用人不疑，推心置腹；在内部充分调动每个成员的积极性，从而不断推动商业的发展。在整个商帮内部，他们大多能同舟共济，互相帮助，以商帮的整体力量雄踞商界。

【故事链接】

徽商多为小本起家，没有本钱时，他们或则变卖家产，或则多方举债，不少妇女慷慨卖掉自己的嫁妆支持丈夫经商。一个人资本少就合股经商。如徽商程锁在父亲死后，家道中落。为了生存，乃邀结本村志同道合者 10 人每人出 300 缗合伙在吴兴县的新市经营布业，他们立下誓言：出门步行不坐车，隆冬不喝酒御寒。夏日炎炎，他们躲在车轮后面以挡烈日炙晒，舍不得买一顶草帽。正是凭着这种精神，终于创成大业，十人皆致富。

【延伸阅读】

一个人再有智慧和才华，能力总是有限的。巨大的成功都是借力的结果，唯有会借者、善借者才能赢。

【原文】

做事要靠朋友^①，助人就是助己^②。

【译注】

①做事要靠朋友：事情做成功需要朋友的帮助。

②助人就是助己：帮助别人其实就是帮助自己。

这是胡雪岩的交友哲学。

【感悟】

人们常常感叹胡雪岩善于借助他力、用人所长、唯才是交，从而左右逢源、得心应手。其实，但凡成功之人，又何尝不是如此？如今，已经是一个靠组织力成功的时代，过去单枪匹马的"英雄独行"策略，已经成为一种神话和笑话。朋友，就是一个人人生事业的基础，他们直接决定人生事业的高度。懂得活用朋友的资源，就等于拥有千军万马的兵力。我们常常为一些身边的人慨叹，那些人胸怀大志，才华满腹。然而，他们始终郁郁不得志。于是烫金的文凭、丰富的经历可能成了累赘——他们只是不懂得如何利用别人的资源，没能让别人成为自己事业成功的助力。有一句很流行的话值得记住：成功，不在于你知道什么或做什么，而在于你认识谁。

【故事链接】

胡雪岩生性机敏，胆识过人，深谋远虑，不攻近利，最终不仅发迹致富，成为活财神，还以资助清廷、输款筹饷，功在边陲。胡雪岩原本是纯粹的商人，竟然得到清廷特赐戴红顶子、穿黄马褂，实为亦官亦商，这在我国商史中亦属罕见。胡雪岩与人交往处处为对方着想，胸襟宽阔，豁达大度，不计个人小怨。20岁时，胡雪岩遇见了一个穷困潦倒的书生，名叫王有龄。这个书生很有才华，也很有抱负，有机会做官，但是缺少进京的盘缠和做官的"本钱"。胡雪岩虽然和他并不相熟，但二话没说，立即私下借用了钱庄的 500 两银子送给了王有龄。这样一来，他虽因此失业了，却为自己铺就了锦绣前程。做了官后的王有龄感其恩德，视其为生死之交。得势的胡雪岩也利用王有龄在官场上的发达，开设了钱庄、当铺、药铺，经营丝、茶，从而迅速暴富。

【延伸阅读】

"天堂和地狱最大的区别"

在地狱里,由于饭勺勺把很长,那里的人又自私自利,都只知道把饭勺往自己嘴里送,结果,他们怎么也不能把食物送到自己的口中,饿得难受。而天堂的情况却恰恰相反,虽然饭勺的勺把与地狱的同样长,可大家相互帮助,举起饭勺,你往我嘴里送,我往你嘴里送,于是每个人都能吃到食物。据说这就是天堂和地狱最大的区别。

【原文】

> 多个朋友多条路①,多个仇人多堵墙②。

【译注】

①多个朋友多条路:多一个朋友可能就会多一个发展的机会。
②多个仇人多堵墙:多一个仇人可能就会给你带来发展的障碍。
这是胡雪岩的交友哲学。

【感悟】

与其成为针锋相对的敌人,而不如开开心心和他做个朋友。多一个敌人,不如多一个朋友。人在江湖混,个人的力量是渺小的,凡事皆需朋友帮忙。"多个朋友多条路,多个仇人多堵墙",此理人人皆懂。但人情社会,交往和帮忙都是相互的,人家和你订交,为你奔忙;一旦人家有难,你也理应竭力为其效劳。细思量,这种压力其实也是蛮大的。胡雪岩认为:在家靠父母,出外靠朋友。胡雪岩喜欢处处交朋友,时时帮人忙。这让他四面都见朋友环绕,处处都见友情赞助。朋友多,事情当然好办。而这正是胡雪岩对结交之法的妙用。多交友,少结仇。慎言行,莫树敌!

【故事链接】

左宗棠在位之时,胡雪岩为他筹粮筹饷,购置枪支弹药,购买西式大炮,购运机器,兴办船石,筹借洋款。这些事耗去了他大部分精力。但是胡雪岩乐此不疲。第一是因为这些事本身就是商事,可以从中赢利;第二是因为左宗棠有了这些东西,才能安心平捻剿回,兴办洋务,成就功名大业。左宗棠是个英才,事业日隆,声名日响,他在朝廷中的地位日益巩固,胡雪岩就愈加踏实。胡雪岩原来之所以仰赖官府,就是为了减少风险,增加安全。现在有了左宗棠这样一个大员作后盾,有了朝廷赏戴的红顶、赏穿的黄褂,天下人莫不视胡雪岩为天下一等一的商人,莫不视胡雪岩的阜康招牌为一等一的金字招牌。胡雪岩敢放心地一次吸存上百万的巨款、也可以非常硬气地与洋人抗衡。任何一个以本业为主,不能上传下达的商人都不敢像他这么做。只有一个胡雪岩,把握住这个时期的特点了,而且做到了。

【延伸阅读】

"避免树敌"

——注意不要去指责别人。因为指责是对别人自尊心的一种伤害,他会本能地为自己辩解,甚至反击。虽然当时没有对您做出什么,他也会记下这一箭之仇,以后就会寻找机会报复。

——对于他人明显的错误,你最好不要直接纠正,否则让他觉得你好像在故意显自己聪明。

——如果因你的过失伤害了别人,你得及时向他道歉。"不打不相识",说不定你们会因此相处得很好。

——不要轻易跟别人发生争执,即使争吵也不要非占上风不可。即使你口头胜利了,你就又树立了一个敌人。

——收敛自己的"个性"。个性太强的人往往会引来别人的妒忌、得罪别人,以致树立敌人。

【原文】

> 在家靠父母，出外靠朋友，我是在家亦靠朋友，所以不能不为朋友着想。

【译注】

在家依靠父母，出门在外就要依靠朋友了。我是在家也仰仗朋友的帮忙，所以做任何事情都想着朋友。

【感悟】

只要有交往，就产生朋友；只要称朋友，就意味着人格的平等、情感的亲近、关系的密切，因此"朋友"一词不仅兼收并蓄、包罗甚广，而且是一个十分受欢迎的美丽的词儿。朋友，就意味着友谊、合作、帮助、平等、信任等等含义。它容易使双方产生心理上的认同感，从而为交往与合作创造良好的人际环境。

大凡能成大事者，必然是朋友四面环绕，处处都见友情赞助。朋友多，事情当然好办，真正应了"人多好办事"、"众人拾柴火焰高"这两句话。

胡雪岩的"替朋友着想"，就是站在对方的角度上充分揣摩对方的需要，照顾对方的利益，并对对方施以恩惠。在他看来，自己的生存发展是靠的朋友，为了赢利还需为朋友着想，二者的目的是一致的。

【故事链接】

胡雪岩为了赢得朋友，在阜康钱庄开业的时候，自己垫钱给一些大官的太太、小姐、少爷等各存了二十两银子，也给黄巡抚的仆人刘二存了二十两银子。刘二拿到存折，不仅马上在阜康钱庄存进一百八十两银子，而且向他的朋友罗尚德宣传胡雪岩的为人守信用、讲义气。罗尚德本是清军绿营的一个小军官，利用各种手段攒了一万一千两银子，听说胡雪岩为人厚道，便连夜起出全部银子拿来存，且声明不要存折、不要利息。罗尚德的到来，还意外地解决了胡雪岩的难题。原来，胡雪岩为了帮助从浙江调任江宁的麟藩台填补二万五千两银子的亏空，已凑了一万多两，还差一万多两银子。罗尚德的一万多两银子，正好可用作借给麟藩台的银款。胡雪岩之所以慷慨地帮助调任的麟藩台，也有争取将来麟藩台支持自己，将江宁方面与杭州的钱款往来交由阜康钱庄代理的考虑。他既是帮助朋友,也是为了利用朋友。胡雪岩对于罗尚德,不仅是话说得漂亮,而且是条件优惠:三年定期,期满后本利共一万五千两银子。这样,如果罗尚德回乡,正好可以还清他借的一万五千两的债务!胡雪岩这样为朋友着想,也是有考虑的:军营官兵们马上就要开往前线打仗,他们身上的钱往哪儿放?一听罗尚德的宣传,定会拿来存入阜康钱庄。

【延伸阅读】

"替他人着想"

在当今这个人人为自己的社会里,很多的人想到的、关心的通常是自己的一己私利,眼光停留之处总是自己的方便与得利上,而全然不顾周围其他人的利益和方便,根本没有替别人着想之心。替别人着想,看似只有区区5个字,可是,要真正将这5个字实施起来却绝对不是一件容易的事。我们都已经习惯替自己着想,而且替自己着想很容易,但是,放眼社会,去为周围的其他人着想不是每个人所能具备的素质了。人与人相处其实就是照镜子,你给别人笑脸,别人也会给你笑脸;你对别人怒目而视,别人也会对你横眉冷对。这也许是最简单的相对论,却也是最实在的相对论。同理,一个人若能为他人着想,当然会换来他人对自己的关心。事实上,替他人着想往往是更好地替自己着想。

【原文】

> 生意场中,无真正朋友,但也不是到处都是敌人。既然大家共吃这碗饭,图的都是利,有了麻烦,最好把问题摆到桌面上,不要私下暗自斗劲,结果谁都没有好处。

【译注】

胡雪岩的"朋友",主要是生意上的朋友,为着各自的或共同的利益而进行合作,双方互惠互利,互兴互荣,以利益为纽带,谋求对方的支持与帮助。这就是胡雪岩的所谓"共吃这碗饭"。但胡雪岩又认为生意场中,无真正朋友,但也不是到处都是敌人,生意场上的生意人是靠做成生意获得利益而生存的。在业务往来上有利害冲突,大家最好把问题摆到桌面上,如果私下暗自斗劲,结果对双方都没有好处。

【感悟】

有利益的均衡才有社会的稳定,建立利益表达机制和利益协商机制比利益各方相互暗自斗劲更能解决问题。由此想到当下社会治理中值得思考的问题。大量的研究表明,在诸多矛盾冲突事件背后,是利益表达机制的缺失。若不从根本上解决利益失衡与社会公正的机制问题,一味以稳定为名压制合法的利益表达方式,则只会积聚矛盾、扩大冲突,使社会更不稳定。社会管理得好与不好的区别不在于社会当中有没有矛盾,而在于制度是否能容忍矛盾和冲突。实际上,好的制度不是消灭冲突,而是能够容纳冲突,并用制度化的方式解决冲突。

【故事链接】

胡雪岩在生意上虽然历经波折,但终究是有莫大的成就。这不但靠他自己的能力,也靠他的朋友支持,甚至是势不两立的敌人也有向他伸出援助之手的时候。人在社会上行走,难免会树立敌人,更何况是商业场中,你争我夺!胡雪岩信奉这样一句话:没有永远的敌人,只有永远的利益。多一个朋友多一条路,多一个敌人多一堵墙,一旦生意上对别人构成威胁,形成敌对关系,胡雪岩总会想方设法化敌为友。

【延伸阅读】

"化敌为友"

——"说话不要有攻击性,不要有杀伤力,不夸己能,不扬人恶,自然能化敌为友。"——苗族谚语

——当你的敌人是天才时,你该怎么做?让敌人为你所用。与其担心可怕的潜在敌人,不如想办法化敌为友。——乔布斯

【原文】

千人同心则得千人之力①，万人异心则无一人之用②。

【译注】

①千人同心则得千人之力：如果一千个人同心同德，就可以发挥超过一千人的力量。

②万人异心则无一人之用：如果一万个人离心离德，恐怕连一个人的力量都比不上。

辑自徽商谚语。

【感悟】

相互提携自然也就形成了一种团队精神，在商场竞争中造成了一个集体优势。宗族制度在促进徽州人走上经商之路上也有重要的推动作用，它使得徽州子弟外出经商没有后顾之忧。

【故事链接】

胡适早就认识到徽商宗族团体的优势，他听说家乡绩溪准备编纂县志时，就说："县志应该注重县里人移动转徙经商的分布与历史，县志不能够只见小绩溪，而不看见那更重要的'大绩溪'，若无那大绩溪，小绩溪早已不成个局面。"胡适所说的"大绩溪"实际上就是靠宗族纽带联系的散落于各地经商的绩溪人团体。宗族意识隐含的强制性在这里起着关键性作用。在徽商经营活动中，一旦出现一些不顾家乡的族人，族中一些长老就会百般对他们进行劝诫，说："我们徽州家乡一直保留着千百年的祖墓，千百年的祠堂，千百户的乡村。这些在其他地方是没有的啊。假如你们背离了家乡，即使子孙可以长保富贵，但是他们在外地已成为孤家单亲，假设出现家业败落的情况，就会无依无靠。这种轻易背离家乡的事情，你可要谨慎地好好想想！"这些舆论说教再加上道德和宗族法规的制约，使宗族和乡缘之链坚实而牢靠，也就使徽商的团队精神愈加发扬，团队力量也就愈加壮大。徽商是通过血缘和地缘关系建立起来的商帮集团，经验的传授也就顺理成章了。再加上徽商的行业宗族化和行业地缘化的特点，商业的成败、兴衰直接与本族、本地利益息息相关，所以前人也就乐于向后人传授经验。这种以乡族亲缘为纽带的关系网络,使徽商具有同时期其他商帮所没有的信息交流优势。

【延伸阅读】

关于团结问题,我国有"一支筷子与一把筷子"的故事,西方则有"一支箭与一簇箭"的故事,我国有"二人同心,其利断金"之说,西方则有"三股合成的绳子,不容易折断"之论。周武王在誓师伐纣时在誓词中说:"千人同心,则得千人力;万人异心,则无一人用。"进而推论:"商纣王有成亿成兆的臣民,但他们离心离德;尽管我们只有十个治理国家的贤臣,但是我们同心同德。所以,我们讨伐商纣王一定会成功。"果然,双方一交战,分崩离析的商朝军队便纷纷倒戈,团结如钢的周武王军队则所向披靡,一举推翻商朝的统治。这正是:"一德一心,立定厥功。""人道以合群(团结)为义,以合群而强。"

【原文】

> 余每逢强敌,必有相与成之者,天下事知非可以一手一足自恃也,汝曹当深念之。

【译注】

"汝曹",汝,你;"曹",辈、们、类。

我每次遇到强大对手时,都有相互交往而帮我办成事情的人援手。要知道天下事情的妥善办好不是孤身一人所能掌控的,你们要深刻牢记。

【感悟】

商场上得心应手,源于官场上游刃有余。商人对自己的社会地位也有自知之明。"大贾倾十万,一名终不书。"徽商恰如"一团茅草乱蓬蓬,蓦地烧天蓦地空。"其兴也速,其败也速。

【故事链接】

　　徽商要同各种各样的人物打交道，买卖交易之际难免被骗、被盗、被敲诈，甚至被诬陷，这类事情，非经衙门不得解决。而一涉官司，那么与官府有没有交往，其结果也就迥然有别了。徽商为了避免败诉，交结官吏，以为援助，就必不可少。歙商鲍绍翔在浙江江山县经营盐业，家渐富裕，"顾人多忌之，辄藉端欺陵，争论不休者凡数家"。官司甚至打到巡抚那儿，但由于鲍绍翔平时与官员过从甚密，故能得到他们的援助，以致官司"先后历十余年而志未尝稍挫焉"。晚年鲍绍翔每每忆及此事，感慨系之，谆谆告诫后人："余每逢强敌，必有相与成之者，天下事知非可以一手一足自恃也，汝曹当深念之。"在诉讼中，能够"相与成之"的人当然非官莫属。他们的经验都说明了要求得商业的发展，不能仅靠自己的"一手一足"，必须争取"多助之力"，才能"相与成之"。其他商人也必有这样的认识。可见，徽商那么重视广结多方良缘，这正是在总结实践经验后的一种自觉行动。

【延伸阅读】

如何获得贵人相助

　　贵人是在关键节点拉你一把，帮你走出困境的人。从现在开始，以积极的态度，尝试着接触不同专业领域、不同成长背景、不同国籍、不同年龄层的人。你要记住，关系资源越多元，你遇到贵人的机会就越多。你需要做好准备，具备被贵人相帮的条件，还要主动出击，让自己有机会进入贵人的法眼，这样你才能成为一个幸运儿。

【原文】

> 银子是用得完的，朋友才是一辈子的事。

【译注】

　　钱迟早是会花光的，但交到有益的朋友才是一生最有价值的事情。

交友金言

【感悟】

　　财富不是一辈子的朋友,朋友才是　一辈子的财富。

【故事链接】

　　胡雪岩收呆账,临时挪用钱庄的 500 两白银为王有龄补实。虽然这 500 两最终没用,但也是胡雪岩给了王有龄信心与力量。这才是患难见真情之朋友。太平军围攻杭州城,城内弹尽粮缺,身为浙江巡抚的王有龄决心与杭州城共存亡,但他托付胡雪岩逃出城去,一是请援兵,二是买粮食。作为商人的胡雪岩重情重义,不负期望,冒着生命危险,买到了粮食并历尽艰苦运到了杭州城,但此时的王有龄已自杀殉职。

【延伸阅读】

　　胡雪岩善于与各种人交朋友,而且是相互信任,能够给与重托的朋友。他的待友之道是诚信、义气与圆通。可以与王有龄成为生死之交,也可以与曹邦老大尤五成为朋友,还可以与怪人稽鹤龄成为知己,又可以与土匪成为兄弟。这些都在于他以诚相待,在考虑自己的同时,也考虑别人的利益。还有他的圆通,而圆通并不是圆滑,他是用一颗替别人着想的心打动了与他交往的人。

十四、慎 言 敏 行

【原文】

言易招尤对人少说几句①，书能尽智教子多读数行②。

【译注】

①言易招尤对人少说几句："尤"，怨恨，归咎；"招尤"，招至耻辱、怨恨和祸端。话说多了就容易招致怨恨，所以在人际交往过程中要慎言。明人陈继儒《岩栖幽事》曰："多读两本书，少说一句话。"此联由此衍化而来。元人关汉卿《金线池》曰："言多伤行。"清人朱用纯《治家格言》曰："处世戒多言，言多必失。"民间亦有"话到舌头留半句；事在理上让三分"的谚语。从慎言和尊重朋友的角度讲，"对人需少谈几句"还是可取的。

②书能尽智教子多读数行：读书可以挖掘人的聪明才智，开启智慧，所以要多督促后辈读书。《严氏家训》曰："读书学问，本欲开心明目，利于行耳。"正因为书能明理、利行，变人气质，养人精神，所以教子多读书，是十分必要的。

辑自徽州楹联。

【感悟】

——信言不美，美言不信，嘴巴两片皮，说好说坏都是你。

——恶口必遭辱，你得先要学会控制你的心，才有办法控制你的嘴；先处理好心情，再处理事情，词达而已矣。

【延伸阅读】

"慎言敏行"

——《论语·里仁》曰:"君子欲讷于言而敏于行。"说话要用脑子,做事慎言,话多无益。讲话不要只顾一时痛快,信口开河,以为人家给你笑脸就是欣赏,没完没了的把掏心窝子的话都讲出来,结果让人家彻底摸清了家底,还偷笑你。

——遇事不要急于下结论,即便有了答案也要等等,也许有更好的解决方式,站在不同的角度就有不同答案,要学会换位思维。

——古人讲慎言,就是说人说话要多加考虑,切不可信口开河,不知深浅,没有轻重。一个人说话前应该三缄其口,应该说的话则说,不应该说的话绝对不能说,这看似十分简单的道理,做起来却一点也不简单。

——慎言不是"沉默是金"、"欲说还休",也不是"逢人且说三分话,未可全抛一片心",更不是"见人说人话,见鬼说鬼话",而是"诚信然也"。慎言是一种责任,说话前考虑是否有利于团结、稳定,是否有利于顾全大局和推动工作;慎言是一种成熟,知道什么该说,什么不该说,该说的不仅要说,而且敢说多说,畅所欲言,不该说的坚决不说;慎言是一种修养,说话学会克制,尽量避免指责,内心少些后悔,这是成功人士应有的素质。

【原文】

> 喜闻人过不如喜闻己过,过而能改善莫大焉。

【译注】

①喜闻人过不如喜闻己过:乐意听到别人出现过错不如经常反思自己的失误之处。

②过而能改善莫大焉:犯了错误能够改正,没有比这更好的了。《左传·宣公二年》曰:"人非圣贤,孰能无过? 过而能改,善莫大焉。"

辑自徽州楹联。

【感悟】

认识、承认自己的缺点、错误并且改正，并不是一件容易的事。之所以不易，很大程度上缘于人的局限性及人性的弱点。人的视力所及是外在的，人可以阅世察人，却很难观察到自己。人最大的盲点就是自己。为了看清自己，人发明了镜子。借助镜子，人也仅能看清自己的外表。要认识自己的内心及行为，则需要反思、内省。现代人生活节奏快，且周围的世界充满各种诱惑，很难"吾日三省吾身"。人是有自尊心、虚荣心、功名心的，是好面子的，即使知道自己的缺点、过错，也不愿意承认，往往文过饰非，遮遮掩掩。"过而能改"更需要勇气、毅力和魄力，因为，缺点往往与弱点相伴，过错常常与惯性相随。吃一堑，长一智，是经验的总结，是智慧的积累，是跌倒后爬起来的人对过去和未来的思考。

【延伸阅读】

中国商人千万别在"红道"上混

——人一辈子要明白钱和权两个东西是绝对不能碰在一起，当了官永远不要想有钱，当了商人千万别想权；

——钱和权这两个东西碰在一起就是炸药和雷管碰在一起，必然要爆炸；

——胡雪岩悲哀就悲在于他是红顶商人。

【原文】

好扬己善则德散①，好隐己过则恶盈②。

【译注】

①好扬己善则德散：喜好宣扬自己好的地方就可能导致自己德性的散失。

②好隐己过则恶盈：喜好隐匿自己的过失实际上积累自己的罪恶。

《礼记·中庸》："舜好问而好察迩言，隐恶而扬善。"隐恶而扬善，不谈人的坏处，只说人的好处。隐藏人家的坏处，宣扬人家的好处。

【感悟】

见别人有过失，暂且包容、替他掩盖，一是让他可以改正，二是让他有所顾忌，不敢放肆；见别人有一点可取的长处、可记的善行，都应当舍弃自己、随顺他，并对他的善行赞叹，替他广为传扬。称赞别人的善行，就等于是自己行善。当别人听到赞美之后，也会因此而受到勉励，更加努力地行善。宣扬别人的恶行，就等于自己作恶。过多地去评论他人，说人是非，不但自己德行日损，也会因此与人结下怨仇，祸延及身。古人言："喜闻人过，不如喜闻己过。"喜欢听闻别人的过失，不如喜欢听到自己的过失，这样可以了解自己的不足，便于改过迁善。

【延伸阅读】

"人生的三样东西"

人生有三样东西是无法挽留的：生命、时间和爱；你想挽留，却渐行渐远。

人生有三样东西是无法隐瞒的：咳嗽、贫穷和爱；你想隐瞒，却欲盖弥彰。

人生有三样东西是不该挥霍的：身体、金钱和爱；你想挥霍，却得不偿失。

人生有三样东西是不该回忆的：灾难、死亡和爱；你想回忆，却苦不堪言。

附一:交友格言警句

人,应当像"人"一样,永远向上而又双脚踏地。

生活中若没有朋友,就像生活中没有阳光一样。

人格都是平等的,面对名位显赫的朋友,要保持自尊;面对名位一般的朋友,要保持谦逊。

在朋友面前过于谦恭或过于自信,都会损害友情。

自己要先看得起自己,别人才会看得起你。

如你想要拥有完美无暇的友谊,可能一辈子找不到朋友。

关于友情的表达,使人感觉到比让人听到更为可贵。

审视友人,眼界要宽;剖析自己,标准要严。

谁要求没有缺点的朋友,谁就会没有朋友。

为友人分心,得友人真心。

只有将对朋友的羡慕变为激励自己的动力,才能成为强者并得到友人敬重。

愿为别人的危难担扰者乃得真正的快乐。

一生荣华富贵,不如一个推心置腹的朋友。

时时用朋友称量自己,使自爱的人更自爱,自重的人更自重,自强的人更自强。

人与人确实不一样,有的是教养大的,有的是饲养大的。

信任是一种弥足珍贵的东西,金钱买不到,利诱和武力也无法获得。

与人沟通要诀:永远没有否定,眼里没有蔑视,肢体没有威胁,表情没有冷漠。

给老同志分饼,给年轻人画饼,和中间力量一起吃饼。在有限的物资条件下,提高整个团队的满意度。

包容跟你意见不同的人,日子比较好过;要是一直想改变他,你会很痛苦。

劝告别人,若不顾别人的自尊,再好的语言都没用。

嫉妒别人不会给自己增加任何好处,妒忌别人也不可能减少别人的成就。

不要找人错处,应该找出补救的方法。怨言是人人都会说的。

智者能把诽谤他的人变成拥护他的人。

宽恕你的敌人。

为他人着想，为自己铺路。

你给别人留面子，别人给你做好事。

助人发财，自己沾光。

掌握时机，拉人一把。

闲时多烧香，急时有人帮。

友情投资，宜走长线。

拜冷庙，烧冷灶，交落难英雄。

你敬我一尺，我敬你一丈。

低人一级"屈"不死人。

财富不是永久的朋友，朋友才是永久的财富。

友谊的表示不在言词而在心意，友谊的基础不在金钱而在忠诚。

商品有价情无价，金钱、友谊不相容。

友人的安慰虽不能使你的命运改变，但能使你内心平静。

酒肉朋友好找，患难之交难逢。

举目无好友，见人难抬头。

让朋友成为你的靠山。

出门落难靠老乡。

亲戚亲戚，越走越亲。

友谊之光像磷火，在四周漆黑之际最可贵。

交友如栽花，需不时浇水和施加养料。

信任别人，别人才能向你表示忠诚；敬重别人，别人才能向你表示尊敬。

友谊的深度往往在困难的时候显现出来。

真诚的友谊好似健康，失去时才知道它的可贵。

爱朋友，关心朋友，用诚意去对待朋友，但不要依赖朋友，更不要苛求朋友。能做到这几点，你才可享受交友的快乐。

人来世间，是一次苦难之旅，需结交好友，才能给你以安慰、支持、鼓励。

良友在身旁，地狱变天堂。

宽容，可以使仇人成为朋友。

朋友有过，私下劝戒；朋友有德，当众颂扬。

好友面前，不可当众揭其所短，扬其隐私。

圆滑的人，不可深交。

物以类聚，人以群分。

友不在多，得一人可胜百人；友不论久，得一日可逾千古。

友谊，与人的才干、经历、年龄紧密相连，所以交友要认真选择。

友谊不能乞求，那些时时将你轻慢的人是不能视为朋友的。

你敬我一尺,我敬你一丈,这样交往的友谊才能日益深厚,天长地久。

滴水之恩当涌泉相报。

为友解忧不图报酬,得友相助铭记在心。

酒逢知己千杯少,话不投机半句多。

长相知,才能不相疑;不相疑,才能长相知。

君子坦荡荡,小人常戚戚。

路遥知马力,日久见人心。

高山上,松柏青;飞雪中,腊梅红;炉火内,真金纯;患难时,友情深。

形象恶而心地善,君子也。形象善而心地恶,小人也。

相知无远近,万里尚为邻。

交友是一门艺术,要求既满怀热情,又极有分寸;既真诚坦露,又不无含蓄;既亲密相处,又有礼有节。

友情不是服从,朋友的见解、行为,绝不能代替你。

对友人应真切地关怀、无私地相助,但对其完全能自理的琐事,则不必过于热心。

珍视友人的业绩,但不去虚伪地捧场;钦佩友人的品德,但不粉饰他的过错;崇尚友人的风度,但不去刻意模仿。

朋友快乐时,莫使其扫兴;朋友哀痛时,要表示同情。

心中装满着自己的看法与想法的人,永远听不见别人的心声。

你不要一直不满人家,你应该一直检讨自己才对。不满人家,是苦了你自己。

请你用慈悲心和温和的态度,把你的不满与委屈说出来,别人就容易接受。

广结众缘,就是不要去伤害任何一个人。

对人恭敬,就是在庄严你自己。

不要因为小小的争执,远离了你至亲的好友,也不要因为小小的怨恨,忘记了别人的大恩。

凡是能站在别人的角度为他人着想,就是慈悲。

说话不要有攻击性,不要有杀伤力,不夸己能,不扬人恶,自然能化敌为友。

附二：与人相处的 24 条黄金法则

1.尽可能鼓励别人。你要称赞他获得的成果——即使是很小的成功。称赞如同阳光，缺少它我们就没有生长的养分。你的称赞永远都不会多余。

2.你要在任何时候都让别人保留脸面。不要让任何人感到难堪，不要贬低别人，不要夸大别人的错误。

3.在别人背后只说他的好话。如果你找不到什么好话说，那你就保持沉默。

4.仔细观察别人，那样你就会发现他做的好事。当你表示赞许的时候，你要充分说明理由，这样你的称赞就不会有谄媚之嫌。

5.你要经常引用别人高尚的思想和动机。每个人都希望被别人认为是宽宏而无私的。如果你希望别人有所改善，那么你就做出仿佛他已经拥有了这些优良品质的模样。那样，他会尽一切可能不让人失望的。

6.尽可能不要批评别人，不得不批评的时候也最好采取间接方式。你要始终对事而不对人。你要向对方表明，你真心喜欢他也愿意帮助他。你永远也不要以书面形式批评别人。

7.你要允许别人偶尔自我感觉良好。你不要吹嘘，而要承认自己也有缺点。你要谦虚谨慎戒骄戒躁。如果你想树敌，你就处处打击别人。如果你想得到朋友，就要得饶人处且饶人。

8.当你犯了错误的时候，你要及时道歉；当你要受到指责的时候，你最好主动负荆请罪。

9.你要多提建议，而不是发号施令。这样做，你可以促进合作关系，而避免引发矛盾。

10.当别人发怒的时候，你要表示理解。他人的怒火常常只是为了引起你的注意。你要给予别人足够的同情和关注——他们需要这些。

11.你要尽可能少说话。你要给别人诉说的机会，而自己甘做一个好的听众。

12.你要让别人相信，主意来自他自己。好主意不在乎其主人是谁，而每个人都情愿相信在按照自己的意愿行事。海洋是溪流的国王，因为它可以广纳百川。

13.你不要打断别人的话，即使当他说错了的时候。当他心里还有事的时候,是不会耐心听你述说的。

14.你要试着从别人的立场上分析事情。印第安人说过:"首先要穿别人的鞋走上一段路。"你不要忘了问自己:他这样做是出于什么原因？理解一切意味着宽恕一切。

15.你不要总是有理。你可以比别人聪明,但是你不要告诉对方。你要承认也许是自己错了——这样可以避免一切的争吵。

16.常常赠送一些小礼品——可以没有任何理由的,寻找让别人快乐的途径。在礼物上花费的精力表明了你在他身上花费的心思。

17.在发生矛盾的时候,你要保持镇静。你首先要倾听对方的意见,努力寻找双方的一致之处。你还要用批评的眼光看待自己,向对方保证考虑他的意见,并对他给予自己的启发表示谢意。

18.你要对别人表示真正感兴趣。你要将此作为自己的口号:对别人感兴趣,而不是自己显示出有趣。你要表示自己正在思考帮助对方的方法。

19.保持微笑。没有比那些从不对人微笑的人更需要微笑的了。

20.要始终称呼对方的全名。这表明你对他的尊重。每个人都愿意听到自己的名字,这比听到任何一个名字的代替品都更让他高兴。当然,为此你要努力记住对方的姓名。

21.你要学会从对方的角度来看待事物。你要问自己:真正需要的是什么?我如何能够让他得利?

22.你要想办法使自己在和每一个人谈话时,包括在电话中,都让对方有好的感觉——首先是对他自己,然后是对你的行为,最后是对你。

23.要尽快宽恕别人,不要记仇。

24.当你想到对方时,要给予他你最好的祝愿。

后　记

在"徽商金言丛书"出版之际，首先要感谢安徽人民出版社领导和编辑老师的鼓励，因为有他们的鞭策，我们才有勇气克服困难，沉浸于浩如烟海的文献中，体验和感受徽商的人生智慧。

本书试图汲取徽商人生交往过程中睿智语句，加以释读，并以作者对所能感悟到的某一层面加以延伸，以期为读者提供感悟人生的线索。在编写本书过程中，我们感受到人生交往的重要。朋友的高度决定你人生的高度。你与之交往的人就是你的未来。同样，在犹太经典《塔木德》中有一句话："和狼生活在一起，你只能学会嗥叫。"和那些优秀的人接触，你就会受到良好的影响。在这个世界，朋友不仅仅是友谊上的一个概念，有时，他能决定你一生的命运。你身边的朋友对你的人生有很大的影响，他有多高，你就有多高。因此，我们都要学会选择你自己的朋友，要有所不为而后可以有为，你才会在人生未来的道路上走得更高更远。

我们都是在社会中生活，人是需要友谊的，如果你得意的时候没有人为你喝彩，你失意的时候没有人与你谈心，你举棋不定的时候没有人为你参谋，你身临险境的时候没有人为你棒喝，这样的人生该是多么孤寂的人生，而孤独和寂寞是人生最严酷的刑法。如果有朋友来分享你的快乐，本来一个快乐变成了两个快乐；如果有朋友来分担你的痛苦，本来一个痛苦变成了半个痛苦。我们很难想象，在眼下纷扰复杂的世界上，一个人要是没有朋友，没有值得自己倾吐肺腑之言的朋友，那么这个人的人生该是多么寂寞冷落，多么悲凉凄怆，多么暗淡无光。

在编写过程中，我们查阅和参考了大量前辈老师和同行学者的著作，包括大量的网络文献，限于篇幅，我们无法一一列出，在此谨致以崇高的敬意。

对书中存在的不足欢迎研究者和读者朋友批评指正！

作　者